KB152817

굴욕 없는 출산

굴욕 없는 출산

우리는 출산을 모른다

ⓒ 목영롱 2021

초판 1쇄	2021년 2월 15일

지은이	목영롱

출판책임	박성규	**펴낸이**	이정원
편집주간	선우미정	**펴낸곳**	도서출판 들녘
디자인진행	한채린	**등록일자**	1987년 12월 12일
편집	이동하·이수연·김혜민	**등록번호**	10-156
디자인	김정호	**주소**	경기도 파주시 회동길 198
마케팅	전병우	**전화**	031-955-7374 (대표)
경영지원	김은주·장경선		031-955-7376 (편집)
제작관리	구법모	**팩스**	031-955-7393
물류관리	엄철용	**이메일**	dulnyouk@dulnyouk.co.kr
		홈페이지	www.dulnyouk.co.kr

ISBN	979-11-5925-609-7 (03300)

우 리 는
출 산 을
모 른 다

굴욕 없는 출산

목영롱 지음

들녘

출산의 의미를 한마디로 명확하게 정의하기는 어렵다. 사랑은 이런 거야, 라고 딱 잘라 말하는 게 어려운 것처럼. 그러나 나의 경우 출산은 살아오는 동안 '목숨까지 걸어야' 했던 유일하게 위험한 일이었다.

가장 긴 시간 동안 몸이 아팠고, 가장 오랫동안 치욕스러웠으며, 주변의 이해와 도움, 격려의 손길을 몹시도 갈구했지만 '엄마라면 당연히' 같은 통념 아래 나의 외침은 외면당하기 일쑤였다. 내가 경험한 현실의 출산은 숭고하지도 위대하지도 않았다. 신화 속의 어머니가 현실에서는 아줌마로 전락하듯 말이다.

나는 참을 수 없이 경박스럽고 비인간적이며 폭력적인 사회의 민낯을 출산에서 보았다. 덕분에 출산이라는 개별적이고 보편적인 체험을 우리 사회를 속속들이 들여다보는 새로운 고밀도 현미경이자 세상을 파악하는 더듬이로 삼을 수 있었다. 더불어 출산이 가져온 신체의 변화와 복잡한 내면의 감정을 설명하기 위해서도 꾸준히 발버둥쳤다. 아무도 중요하게 생각하지 않았기에 나는 더욱더 출산을 이야기하는 것이 중요하다고 생각했다. 그래서일까? 책을 쓰는 2년 동안 분노와 오기와 회한과 일말의 사명감이 마구 뒤섞여 몹시 고단했다.

　이 글을 마무리할 즈음(2020년 11월) 〈산후조리원〉이라는 드라마가 방영되었다. 임신과 출산, 그리고 출산을 이제 막 마치고 엄마가 된 이들에 관한 이야기인데, 배경이 '산후조리원'이었다. 회사 임원인 주인공 '오현진(엄지원)'은 잘나가는 커리어우먼으로 '엄마가 되는' 세계에 막 발을 들여놓은 신참이다. 나이가 좀 있는 전문직 여성, 연하 남편, 고령 출산이라는 극중 키워드는 초산 연령이 20대에서 30대 후반을 넘어 40대 초반까지 늦춰지는 오늘날 한국사회의 현실을 반영한다. 현실적인 이야기답게 극은 오현진이 출산 직전 얼마나 굴욕적인 과정을 거치는지 놓치지 않았다. 결코 아름답지 않은 출산 직전의 관장, 제모 등의 과정 보여주기, 그리고 이때 오현진이 당황하는 모습 등은 엄마들이 실제 출산 전후 과정에 대한 실질적 지식이 없음을 암시해준다. 이미 한 개체로서 사회적으로 인정받는 여성이지만, 엄마가 되는 일에 대해서는 깜짝 놀랄 정도로 아는 게 없다!

드라마 초반, 엄지원은 아이를 출산하는 과정에서 저승사자를 만난다. 사투 끝에 간신히 저승사자를 이기고 이승으로 돌아오는 장면이 드라마의 시작점인데, 나는 이 장면을 보면서 울지 않을 수 없었다. 현대의 출산이라고 해서 옛날보다 결코 순탄할 것 없다는 사실을 여전히 여성이 자기 목숨을 걸어야 하는 것이 출산이라는 것을 상징적으로 나타내는 훌륭한 장면이었다. 그러나 죽을 고비를 넘긴 오현진은 안도의 한숨을 쉬기도 전에 새로운 난관에 돌입한다. 출산을 마친 이들이 겪어야 하는 젖몸살, 수면 부족은 물론 모유 수유와 모성에 대한 압박까지……. 게다가 '산후조리원'이란 이상한 곳이어서, 누가 더 진짜 엄마인가, 누가 더 모성이 많은가로 평가받는다. '엄마' '엄마 자질'에 대한 평가로 희비가 엇갈리는 곳, 그 산후조리원에서는 엄마이기 전의 여성이 사회에서 어떤 위치에 있었는지, 어떤 사람인지는 하나도 중요하게 여기지 않는다. 이름과 직업, 개성이 모두 사라지고 오직 모유가잘 나오는지, 젖을 잘 먹이는지가 기준으로 작동한다. 산후조리원의 이 같은 현실 때문에 주인공은 매우 슬프고 화가 나고 괴롭다. 나는 오현진이 엄마가 되는 과정에서 겪는 그 모든 곤란함과 놀라움에 철저히 공감하면서, 때로 웃으며 때로 울며 드라마를 보았다. 오현진의 역할이 과장되었다는 댓글도 있었지만, 그 모든 장면은 철저히 현실적이다. 특히 사람들이 '자연스럽다'고 생각하는 임신과 출산, 양육의 전 과정을 막상 엄마들은 제대로 된 가르침이나 철두철미한 정보, 따뜻한 배려 없이, 이 모두를 혼자 겪으면서 좌절하고 당황하고 분열함을 그렸다는 점에서 그렇다.

은희경의 소설 「빛의 과거」에는 이런 구절이 나온다. "약점이 있는 사람은 세상을 감지하는 더듬이 하나를 더 가진다. 약점은 연약한 부분이라 당연히 상처를 입기 쉽다. 상처받는 부위가 예민해지고 거기에서 방어를 위한 촉수가 뻗어 나오는 것이다. 그들에게는 자신의 약점이 어떻게 취급당하는가를 통해 세상을 읽는 영역이 있다. 약점이 세상을 정찰하기 위한 레이더가 되는 셈이다."

출산은 내게 상처였지만, 엄마라는 약자의 입장에 서보게 되었던 드문 경험이기도 했다. 나 역시 대다수 여성들처럼 출산이 무엇인지, 엄마가 된다는 것이 어떤 의미인지 정확히 알지 못한 채 그 모든 과정을 겪었고, 겪고 있는 중이다. 그러는 사이 정말 많이 당황하고 많이 놀랐다. 대학을 나오고, 석사 학위를 따고, 전문직을 얻고, 수많은 것을 배우고 가르치면서 살아가지만 정작 나 자신의 신체에 대해서는 너무도 무지했다는 자각과 후회가 뒤늦게 나를 흔들었기 때문이다. 출산은 몸소 겪기 전까지는 결코 완성되지 않는 이야기다. 어쩌면 "출산 이후에야 출산을 알게 된다."는 표현이 가장 정확할 것이다. 그 과정에서 절망했던 또 하나의 문제는 임신과 출산을 경험하는 여성들의 아픔과 상처가 구체적으로 무엇인지, 이들이 무엇 때문에 고통스러운 것인지, 무엇이 달라졌다고 느끼는지에 대해 정확하고 섬세하게 담아낼 언어를 찾지 못했다는 점이다.

엄마가 되기로 마음먹고, 엄마 되기를 준비하면서, 그리고 엄마가 된 다음 나는 비로소 고민과 갈등의 종합선물세트를 손에 들고 전전긍긍하는 낯선 여성으로 다시 태어나게 되었다. 이 작은 책은 그 여정의 기록이다.

차례

첫째 날
외면 받은 고전 '출산'

둘째 날
나는 출산에 대한 무지를 고발한다

셋째 날
엄마에 대하여

넷째 날
출산을 위협하는 다양한 폭력

출산이라는
사회 정찰대

나에게 출산은 고전(古典)이다. 고전이란 오랜 시간이 흘러도 여전히 인간에게 유효한 텍스트로서 무한한 해석의 여지를 주고, 유의미하며, 현 시대에도 통용되는 중요한 시사점을 던져주는 것인데, 그런 의미대로라면 출산은 이제껏 단 한 번도 제대로 주목받지 못한, 가장 오랜 세월 외면당했던 고전이다.

주변 사람들에게 "임신과 출산에 대해 우리가 아는 게 너무 없어."라고 이야기하면 다들 고개를 갸우뚱했다. 모두 설마, 하는 표정이었다. 그러고는 십중팔구 "출산이 뭐……애 낳는 거 아니야?"라고 못 박듯이 정의해버렸다. 본인이 믿고 싶은 대로 믿으면서 그것을 사실이나 진리라고 생각하는 그 진부함의 폭력성 때문에 나는 자주 분노했다.

여성학자 정희진이 쓴 『나를 알기 위해서 쓴다』에 따르면, 한국은 성별에 대한 지식이 거의 없는 사회로 보인다. 성별뿐만 아니라 각자의 '신체'에 대해 생각하지 않도록, '몸'의 문제를 무시하고 간과하는 사회다. 감정보다 이성이 우월한 것으로, 몸보다 정신이 더 고귀한 것으로, 몸 쓰는 노동보다 머리 쓰는 노동이 고급하다고 여기는 케케묵은 사고방식에 여전히 젖어 있다.

그러나 실제로 우리의 '몸'은 매우 철학적이고, 정치적이며, 사회적인 중요한 주제다. 한국인의 모든 우울증, 화병, 신경증······ 등은 우리가 각자의 고유하고, 저마다 다른 신체의 특징을 돌아보고, 그 신체가 겪은 고유한 서사를 말할 수 있을 때 비로소 치유될 것이다. 현재 한국사회의 가장 큰 문제 중 하나를 '대학의 몰락' '지성의 사라짐'이라고 보는 견해가 있는데, 나는 그 해결책의 시작 역시 몸에 대한 정직하고 구체적인 사유라고 생각한다.

여성의 경우를 보자. 대다수 여성들은 출산에 대해 아는 것이 별로 없는데도 '잘 안다'고 철썩 같이 믿고 있다. 그런데 출산이 여자의 자궁에 있던 아기가 산도(産道)를 통해 바깥으로 나오는 것이라는 단순한 인식은 결코 지식이 될 수 없다. 출산 과정의 마지막, 그것도 지극히 일부분만 다루고 있을 뿐이니까. 현재 공유되는 출산의 정의를 출산의 종결점이 아니라 출산의 시작점부터 말하는 것으로 바꿔야 한다고 내가 주장하는 배경이다.

출산이라는 화두를 생각할 때면 언제나 한나 아렌트의 '악의 평범성'을 떠올리게 된다. 여성의 신체에서 벌어지는 일들에 대한 무성의하고 대수롭지 않은 생각들, 으레 '출산은 자연스러운 것'이라 받아들였던 진부하고 평범한 태도 때문이다. 이런 생각들이야말로 출산을 위험하게 만드는 가장 큰 원인인데 우리는 모두 자각을 회피한다. 그러면서 '저출산'을 말한다.

저출산 이슈가 정말 단순히 경제 논리로만 해결되는 문제일까? 출산은 여성의 신체와 고통이 사회적으로 구성되는 지점과 여성의 감정이 서로 만나는 '바로 그 지점'을 논하지 않고서는 성립될 수 없다. 출산은 성별, 신체, 고통, 질병, 의료, 구조, 철학이라는 코드가 서로 엉켜 빚어지는 풍경이다. 그리고 위의 코드들은 아직 충분히 연구되거나 논의되지 않았기에 출산은 아직도 미지의 영역으로 남아 있다. 이런 상황에서는 출산을 경험한 이도 출산과 관련된 직종에 근무하는 사람들도 또 앞으로 출산을 겪게 될 이도 자신의 경험을 정확하게 해석할 수 없다.

출산은 인류가 존재한 순간부터 맥을 같이했지만, 출산에 대한 담론은 놀랍도록 초라하다. 출산에 대한 우리의 빈곤

한 상상력은 기껏해야 '저출산' '모성' '현모양처' 같은 말로 수렴된다. 그 밖에 출산을 떠오르게 해주는 단어는 거의 없다. 그런데, 출산은 정말 그게 다일까?

출산은 한 사회를 깊이, 자세히, 그리고 정확하게 들여다볼 수 있는 정찰대 역할을 한다. 출산에 대한 무지는 현재 나의 감정을 파악하지 못하고, 자신이 누구인지 모르고, 그래서 결국 '나'를 상실하게 만드는 병든 시대의 천박함과 맞닿아 있다. 이렇게 주체자를 삭제한 뒤 출산은 익숙해진 지배 구조를 대변하는 기관인 학교와 병원을 통해 여성을 억압하고 길들인다. 결국 출산은 획일화된 현대인의 신체를 닮아 있고, 현대인의 의식을 잠식한 제도와 철학을 본질적으로 집약한 축소판과 똑같다. 날이 갈수록 사물화하고, 인간적 존엄을 잃어가게 만드는 사회의 어두운 면들이 출산에 고스란히 반영되는 것이다. 출산이 사회적 이슈로 다루어지지 않고 개인의 상처, 트라우마, 빨리 잊어야 하는 사적인 사건이 되는 배경이다.

개인에게 일어나는 사건을 스스로 통제하거나 자의적으로 해석할 언어를 갖지 못한 이들은 자신의 삶을 상실한 이들이다. 그런 점에서 출산을 경험한 이들은 어떤 면에서 식민화되었다고 할 수 있다. 자신이 백퍼센트 원했던 경험이 아닌 경험을 떠맡게 되고, 그 이후 자신의 삶과 불일치하는 여러 일들 때문에 세상과 불화하게 되었으니 말이다.

나는 여전히 한 사회의 면모를 자세히, 정확하게 보여 주는 도구로 출산만 한 것이 없다고 확신한다. 출산이라는 명제를 파고들면서 놀랍게도 나는 여성의 신체, 몸의 역사, 의료, 철학, 교육, 구조주의, 현대철학, 근대화, 종교, 금기, 국가, 젠더, 감정, 심리 등 사회를 이루고 인간의 행동을 규정하는 거의 모든 것들이 서로 긴밀하게 연결되어 있음을 알게 되었다. 출산은 이 모든 것들이 얽히고설킨 실타래이자, 인류에 대한 희망과 절망이 혼재된 판도라의 상자이며, 삶과 죽음이라는 대척점을 하나로 모아주는 아주 특별한 웜홀(wormhole)인 셈이다.

첫째 날

외면 받은 고전
'출산'

출산,
새롭게 조명되어야 할
낯선 세계

나와 비슷한 시기에 출산했던 주변인들의 경험이 궁금해서 '당신만의 출산 이야기'를 들려달라고 부탁했던 적이 있다. 그러나 성과는 없었다. 돌아온 대답은 "부끄럽다(말해주기 곤란하다, 말하고 싶지 않다, 다른 사람의 경험과 비슷하다)"였다. 출산의 길고 긴 역사에 비해 참고할 만한 자료가 이토록 부족한 것은, 다시 말해 출산이 '지식'이 되지 못한 것은, 여성의 경험 표현이 여러 가지 이유에서 금기시되어온 역사, 그리고 이를 수용한 통념과 맞닿아 있다. 여성의 은밀한 신체 부위에 대해 구체적으로 이야기하는 것, 신체가 노출되는 것은 부끄러운 일이라는 생각도 한 몫 한다. 성폭행 신고율이 2퍼센트 미만이고, 몰래카메라로 자신의 신체가 불법 촬영, 유포되었을 경우 피해자인 여성이 자살하는 이유다. 이 모든 부조리함의 바닥에는 '수치심'이 있다.

그런데, 이 부끄러움은 정당한가? 왜 나의 신체에 대해 말하는 것이 부끄러운 일일까? 출산에 대한 이야기는 왜 부끄러워야 할까? 내가 출산에 관한 책을 쓰고 있는 중이라고 했을 때, 한 지인은 왜 '굳이 그런 개인적인 이야기'를 하는지 물었다. 출산에 대한 책 쓰기를 그만두라는 무언의 압박이었다. 아마 그는 "여자가 왜 그런 책을 쓰나? 부끄럽지 않나?"라고 말하고 싶었을 것이다.

그렇다. 출산은 매우 개인적인 일이다. 따라서 매우 정치적인 일이기도 하다. 한 개인이 '신체'를 매개로 경험한 일을 사회적으로 재현하는 일, 그리고 그것을 '지식'으로 만들어내는 일은 체제 전복적인 일이다. 그래서 나는 꼭 글을 써야겠다고 생각했다. 틈틈이 정희진 선생님의 책을 읽으며, 나는 '사회적 약자가 자기를 재현하는 글쓰기'를 하는 것의 혁명성을 다짐했고, 이런 글이야말로 '매끄럽지 않고' '세련되지 않은' 글이기에 오히려 의미가 있는 거라고 믿었다. 출산이 여성의 은밀한 신체(다리, 음부, 자궁, 질, 털, 항문)와 밀접하게 연관되어 흔히 감추고 가려야 할 몸에 대한 이야기라는 이유로 '지식'이 되지 못한 것은 매우 문제적이다. 나의 신체를, 타고난 몸을, 부끄러운 것으로 여기지 않고 담담하게 있는 그대로 바라보는 성숙한 시각과 인간적인 관점은 대체 언제쯤 가능해질까?

○   당신들의 무지(無知)는 왜 부끄러움이 아닌가?

허세 의식의 그림자라고밖에 보이지 않는 부당한 '부끄러움'은 사회를 병들게 한다. '부끄러운' 일은 지우거나 숨

기고 그럴 듯한 일만 앞장세워 자랑하면서 삶을 매끈하게 '편집'하면 그만이라고 믿는 사회에서는 울퉁불퉁하고 움푹 파인 상처 혹은 말로 설명할 수 없는 각기 다른 삶의 심연은 종종 무시된다. 요즘 언어로 '편집' 당한다. 하지만 편집 당한 조각들이 과연 없어질까, 사라질까? 그렇지 않다. 부정당한 감각과 감정들은 무의식의 심해로 내려가 있다가 어느 날 문득 타인에게 투사되거나 이미 병들어서 타인을 염탐한다. 혹은 부당하게 행복한 사람이 있는지 끝없이 감시한다. 인생을 스팀다리미로 주름 펴듯 관리할 수 있다는 그 망상이 우리 삶을 헛헛하게 만든다. 그러므로 이제 주목해야 할 것은 내 인생의 상처, 해결 안 된 문제, 도무지 어찌할 수 없는 모순, 우물처럼 깊은 허무, 그리고 도처에 포진한 무의미다. '외부로부터 인식된 부끄러움'이다.

진짜 부끄러운 일은 부끄러움 때문에 너무도 많은 소중한 경험들이 휘발되고, 왜곡되고, 사라져버렸다는 것이다. 우리는 잃어버린 지식이 무엇인지 진지하게 돌아봐야 한다. 쉽고, 당당하고, 그럴듯한 지식과 언어가 아니라 억눌리고 삭제돼서 원래 그런 것들이 있었는지조차 문제시되지 않는 지식이 무엇인지 물어야 한다. 이미 있는 지식 이외에 아직 지식이 되지 못한 지식들이 무엇인지 발굴해야 한다.

진정으로 부끄러운 일은 인간의 존엄함과 생명에 대한 무지다. 허례허식의 필연적 결과물로 보이는 출산에 대한 대중의 무지가 너무도 가슴 아프다. 출산에 대한 '이데올로기'만 있고 출산에 대한 '지식'은 없는 사회. 출산 경험이 있는 엄마들조차 출산에 대해 잘 알지 못하는 사회가 과연 제대로 된 사회일까? 예를 들어, 내가 회음부절개 없이 아이를 낳았다고 하면 다들 놀란다. 회음부절개가 당연하다고 알고 있기 때문이다. 회음부절개는 유럽에서는 거의 하지 않는다. 주로 미국에서 행해지는 의료 관행이다. 그런데 우리는 회음부절개의 필요성에 대해 제대로 묻지 않은 채 '으레 하는 것'으로 받아들여 병원 분만 시 모두 회음부절개를 당한다.

더 큰 문제는 병원 분만 시 발생하는 의료적 개입에 대해 당사자인 산모들은 정작 아는 게 별로 없다는 점이다. 만에 하나 적극적으로 알려고 하면 이를 산부인과 의사의 권위에 대한 도전으로 여기기도 한다. 한편으로는 담당 의사의 심기를 불편하게 했다가 혹시라도 아기에게 피해라도 돌아갈까 두려운 마음에 산모들은 묻고 싶은 게 있어도 묻지 않고 의견이 있어도 입을 다물게 된다. 그 결과 산모들은 수동적이 되고, 의사는 일방적으로 의료 개입을 감행한다. 병원이나 의료진이 이야기하지 않으면 산모들은 출산 시 예외 사항이나 응급 상황이 어떤 요인에 의해서 가장 많이 발생하는지, 그럴 경우 어떻게 대처하는지 자세한 방법을 알 길이 없다. 산모가 제한적인 정보만 가지고 출산에 임하는 상황이야말로 출산을 가장 위험한 일로 만드는 최악의 환경이 아닐까?

출산이 자연이라는
허구

의료진이 있고, 각종 주사 및 약물을 이용 가능하며 응급상황에 대비한 수술이 가능한 병원에서 출산이 이루어진다고 해서, 현대 출산이 가장 의학적이고 과학적이라고 할 수 있을까? 정말 현대의 출산은 안전해졌는가? 현대 여성들은 의료 서비스를 믿고 안전을 걱정하지 않아도 되나? 현재의 출산 문화는 산모에게 최적화된 형태이고 가장 발달된 형태인가? 병원의 의료 관행이 임산부에게 실보다 득이 더 많은 것이 사실인가? 왜 우리나라의 출산 의료는 유럽이나 일본의 풍경과 다른 모습일까? 미국의 의료 체계를 빼다 박은 한국 출산 의료의 문제점은 무엇인가? 의료화된 출산에서 소외되는 산모의 정신적 고통에 대한 문제는 왜 제기되지 않을까? 임신과 출산 과정에서 느끼는 여성의 굴욕 혹은 수치심이란 감정은 왜 공론화되지 않는가? 굴욕을 느끼는 주체가 분명 있는데 왜 가해지는 인격의 형태로 등장하지 않을까? 출산은 숭고한 행위라는데, 왜 산모는 자신의 존엄을 지킬 수단을 구조적으로 빼앗기고 마는 모순을 감당해야 하나? 저출산 담론에 왜 여성의 목소리와 감정은 반영되지 않는가? 산모의 감정을 규정하는 주도권은 누가 갖고 있을까? 객관성을 지향한다는 유학파 사회과학자들은 왜 사회에 내재하는 가장 예민하고 난

해한 문제들을 피하는가? 만인이 누려야 할 과학적 지식과 그 혜택은 왜 국가와 자본주의 체제에만 더 열심히 복종하는가? 오늘날 출산이라는 문제를 진지하게 고민하지 않는 지성을 탈식민화한 지성이라고 할 수 있을까? 식민지성이 지식과 삶이 일치하지 않는 상태를 지칭한다면, 왜 '여성'으로서의 내 삶은 이토록 분열하는가?

○   결코 자연스럽지 않은 출산

'의료화한 출산'이라는 세련된 포장 아래 여성들의 출산은 생명 위협과 각종 후유증에도 불구하고 문제시되지 않는다. 그러나 흔히 말해지는 것과 다르게 여성의 출산은 단 한 번도 '자연'이었던 적이 없다. 전근대 시기 가임기 여성 사망률 1위는 출산 또는 산후병이었고(『몸으로 본 한국여성사』), 출산은 여성의 가장 위험한 사회활동으로 명시되었다. 출산과 관련된 각종 금기사항이 많았다는 것은 그만큼 출산으로 여러 가지 안 좋은 일이 생기다 보니 더욱 신중을 기해 가능한 한 위험 요인을 줄여보고자 했던 노력일 따름이다. 옛 출산 지침서에는 '산실은 조용해야 하고' '너무 덥거나 추워서는 안 되며' '출산을 돕는 사람은 경험이 있고 침착한 사람이어야 하며' '출산과 관련된 주의사항은 금과옥조처럼 중시해야' 한다고 되어 있다. 순산을 한 이후에도 주의사항은 계속된다. 해산 후 산모의 안정이 특히 강조되었고, 차거나 딱딱한 것을 함부로 먹어서는 안 되며, 함부로 바람을 쐬어서도 안 되었다. 하지만 이렇게 신중을 기해도 출산은 위험한 일이었다. 난산으로 목숨을 잃거나 출산 이후 후유증으로 고생하는 경우도 많았다. 출산이 자연이고 순리라는(그래서 출산에 대한 담론조차 제기할 수 없게 만드는) 세간의 통념과 너무도 상충되는 것들이다.

이제 출산에 대해
질문해야 한다

우리는 출산에 대해 얼마큼 알고 있을까? 유례없이 정보가 풍부한 시대를 살아가는데도 왜 우리는 출산에 대한 정확한 정보, 올바른 접근, 다양한 시각과 관점에 대해 늘 부족함을 느낄까? 출산에 대해 정확하게 아는 것이 없다는 사실을 왜 인지하지 못할까? 과거 할머니 어머니 시대의 출산과 오늘날의 출산이 얼마큼 달라졌는지, 그 차이로 인해 여성의 건강 상태에 유의미한 발전은 있었는지 우리는 과연 제대로 알고 있을까? 출산을 두고 여러 의문을 제기하지 못하게 만드는 실체는 과연 무엇일까?

『전문가들의 사회』에서 이반 일리치는 "물음을 정의하는 권리보다 더 큰 권력은 없다."라고 단언한다. 그렇다. 내 일상의 필요를 규정하고, 내 문제와 해결책을 정의하는 특권을 가진 자가 누구인지 물어야 한다. 내 인생의 문제와 해결책을 제시하는 이들의 암호화된 언어의 뜻을 물어야 한다. 내 인생이 왜 끝없는 타자화 과정의 결과이어야 하는지 파고들어야 한다. 출산이라는 너무도 위험하고 중요하고 사적인 사건 앞에서 나의 몸이 나의 이해나 통제가 미치지 않는 '낯선 영역'이 된다는 점에 대해 문제를 제기해야 한다. 따라서 이 책의 목적은 전문가 집단에 의해 독점된 출산의 언어와 절차를 쉬운 말로, 그리고 누구나 이해 가능한 언어로 풀어서 설명하고 생각거리를 던져주는 것이다.

미셸 푸코는 『말과 사물』에서 "인간은 죽었다."고 말했다. 이때의 인간은 주체성을 가진 인간이다. 주체성을 상실하면, 더 이상 인간다운 인간이 아니라는 말이다. 구조적으로 선택을 박탈당한 정교한 체계와 인간답게 살 수 없이 망가진 생태계 환경에 대한 회의와 반성과 더불어, 정말 우리는 얼마나 '인간'답게 살고 있는지 문득 돌아보게 된 계기가 나에게는 출산이었다. 사람으로 태어난 이상, 어떤 조건을 갖추지 않아도 인간으로서의 존엄함을 잃지 않아야 한다는 의제에 나는 목말랐다. 출산을 계기로, 임신에서 정상적인 엄마가 되기까지의 과정에서 내가 과연 '인간다웠는지'에 대한 의문이 풀리지 않았기 때문이다.

실존은 본질에 선행한다는데, 나는 늘 본질이라는 잣대에 비추어 실존이 부정, 비판, 왜곡당한다고 느꼈다. 내 실존과 외부세계가 끝없이 충돌하고 불화할 때, 나는 비로소 내 신체가 얼마나 '식민화'되었는지 깨달았다. 그리고 간절히 출구를 찾아 헤맸다. 놀랍게도 그 출구는 '언어'에 있었다. 출산의 세계는 놀라우리만치 완벽하게 타자화한 언어로 가득한 곳이었다.

○   무지(無知)는 악이다

가장 인간적인 사회는 가장 진보적인 사회다. 모든 인간의 절대적 존엄성에 대해 예민하고 세심하게 반응하고 귀를 기울일 줄 아는 사회가 진보된 사회다. 그러나 우리는 진일보한 것으로 보이는 문명사회를 살아가면서 실은 너무도 무지하게 살아가고 있다. 인간 종(種)의 고통에 너무도 무관심하다. 웬만한 고통에는 "그 정도는 참아야지." "견뎌라. 그러면 좋은 날이 올 거야."라고 말한다. 고진감래 류의 가학적 말이나 "나도 겪었으니 너도 겪어라."는 식의 말만 가득하다. 그러나 고통에 무감각한 사회, 고통에 대해 심각한 문제의식을 느끼지 못하는 사회는 악을 재생산할 뿐이다.

출산에 대한 악은 우리가 출산에 대해 '안다'라고 생각하는 무지에서 출발한다. 나는 이래저래 출산을 계기로 충격을 많이 받았다. 무엇보다 출산에 관한 사유가 무척이나 척박했기 때문이다. 임신과 출산을 두고 주변인의 이해를 바라는 것은 언감생심, 출산에 대한 제대로 된 정보조차 얻기도 힘들었다. 출산 문제를 다룬 도서는 턱없이 부족했고, 출산을 이야기하는 언어는 하나같이 타자화되어 있었으며, 출산의 주체인 산모는 그 과정에서 철저히 소외되었다. 출산 경험은 기존의 내 가치관과 세계를 모두 부수는 도끼였다.

편집당하지 않는
출산을 위하여

○　　출산은 콘텍스트다

　　내가 이 글을 쓰는 목적이 "출산을 다룬 책이 없기 때문이야."라고 이야기하면 다들 믿지 않았다. 하나같이 "설마!" 하면서 고개를 갸웃거렸다. 그들은 아마도 『아가를 위한 태교』나 『엄마 되는 법』 혹은 『출산 의학 서적』 같은 책을 떠올렸을 것이다. 책이 없긴 왜 없어, 이렇게 많은데 하면서! 그러나 이런 책들은 다루는 범위가 매우 한정적이고, 실제로 사서 읽어보면 읽으나마나 한 이야기들로 '편집되어' 있다. 굳이 '편집되었다'고 말하는 이유는 이런 종류의 책들이 그럴듯해 보이는 정보들을 잘 엮어 보여줌으로써 교묘하게 임산부를 제2의 서열로 타자화하기 때문이다.

　　더욱 놀라운 사실은 한국의 보통 여성들이 경험하는 출산 과정에 대한 진지한 기록이 거의 전무하다는 점이다. 물론 출산을 TV드라마의 클리셰처럼 그리는 책들은 많다. 지나치게 기대 충만하고 행복하게. 한마디로 '행복한 임신과 출산'이라는 허구로 말이다. 행복한 임신은 일부 존재할 수 있겠으나 행복한 출산은 기만에 가깝다. 죽음 근처까지 가는 출산에 웬 '행복' 타령인가? 행복한 출산이라는 말로 현실적인 면모들—출산의 위험성, 부작용, 폐해—을 축소하거나 부정하거나 은폐할 뿐이다. 실제로 죽음의 문턱까지 다녀왔다는 출산 경험자도 많다.

하지만 여전히 사람들은 "우리 할머니는 밭일 하다가 우리 아빠를 낳았대(라고 쓰고 너는 왜 화이트칼라인데 징징대니, 라고 읽는다)."라거나 "우리 엄마는 임신 기간 내내 먹고 싶은 거 한 번 제대로 못 먹었대(라고 쓰고 넌 무슨 불만이 그렇게 많니, 라고 읽는다)."라면서 툭툭 말을 던진다. 하나같이 실체 없고 무성의한 말들이다. 그저 출산의 이상과 현실 사이의 괴리감만 증폭시킬 뿐이다. 무엇보다 아들인 남성 그리고 손주인 남성의 입장에서 모친이나 조모의 출산신화를 이야기하는 것은 이제 그만두어야 한다. 엄마나 할머니들이 쉽고 자연스럽게 임신 기간을 보내고 순풍순풍 애를 낳았을 거라고 생각하는 것 자체가 환상이다. 사실 '그 이야기'는 당사자 외에는 아무도 모른다.

출산을 경험한 여성의 솔직한 감정이 담긴 이야기, 그녀의 입으로 직접 말하는 이야기는 너무도 귀하다. 출산의 위험성, 한국에서 겪어야 하는 병원 출산의 문제점, 개선점을 말하는 책도 없다. 물론 이 같은 문제점을 다룬 의학논문은 있을 것이다. 하지만 대체 어떤 임산부가 의학논문을 찾아 읽는단 말인가?

규격화된 임신과 출산은 없다. 누구에게나 똑같은 경험

을 안겨줄 수 없기 때문이다. 원리와 메커니즘은 동일하지만 임신과 출산을 수행하는 신체, 그 복잡 미묘한 경험을 만나는 주체는 모두 다르다. 임신과 출산의 과정에서 무엇을 느끼고, 경험하고, 어떤 방법을 택하게 될지 아무도 모른다. 출산은 개인의 선택과 개인을 둘러싼 환경, 문화, 의료시설, 가족과 같은 특수 관계에 놓인 사람들의 지지와 만나면서 저마다 고유한 의미와 경험을 만들어낼 따름이다. 출산이라는 콘텍스트는 존재하는 여성의 수만큼 다양하고 다르다. 그럴 수밖에 없지 않겠는가?

○ '엄마 되기'와 출산

엄마가 된다는 것은 사회적이고 정치적인 일이다. 여성은 출산을 통해 '자연인으로서의 모성'은 물론 '사회인으로서의 모성과 엄마의 역할'을 배운다. 아니, 어떻게 규정되어지는지 경험한다. 그 첫 단추가 바로 출산이다. 따라서 출산은 여성에게 은유이며, 상징이고, 현실이다. 임신과 출산, 모성, 엄마라는 코드는 여성의 신체와 삶, 그리고 정체성을 때로 규정하고 더 자주 억압한다. 이 코드를 카인의 표식처럼 받아 든 여성들은 독립된 주체로서 살아가기 위해 치열하게 투

쟁해야 한다. 그리고 이때 거의 대다수 여성들이 여성의 진짜 문제를 만난다. 바로 여성의 정의, 역할, 정체성의 문제다.

여성이 엄마가 되는 여정에서 겪는 출산이라는 통과의 례는 사회적이고 철학적이며 문화적인 대사건이다. 내가 임신했을 때 느낀 괴리감이나 형언할 수 없는 어리둥절함, 납득할 수 없는 찝찝함, 트라우마로 남은 수치스러운 기억들은 출산의 생리적인 면만 강조해온 우리 사회가 '지워버린' 것들이었다. 나는 임신과 출산을 경험하면서 이 문제를 의료적인 차원으로만 국한하는 한국 사회의 전반적인 분위기가 무척 비인간적이며 폭력적이라고 생각했다. 실체를 은폐한 채 빙산의 일각만 다루는 게 아닌가 싶어 답답했다. 결국 스스로 답을 찾기로 했다.

먼저 여기저기 흩어져 있는 출산 관련 정보들을 가능한 한 많이 모았다. 상처 입은 내면을 치유하고, 출산하면서 품게 된 의문점을 해결하기 위해, 그리고 임신과 출산 자체를 해석하기 위해 나는 의학서적, 소설, 칼럼, 신문기사, 에세이 등 장르에 관계없이 출산을 언급한 모든 자료를 수집했다. 나아가 출산을 비유하는 사회의 상징, 규범, 질서, 사상 등을 파악하고자 했다. 그 와중에서 놀라운 사실을 발견했다. 출산, 엄마, 모성이라는 지극히 '여성적인 키워드'를 정작 여성과 여성인 엄마의 입장에서 여성을 중심으로 논한 테이블은 거의 없었다는 점이다. 내가 이 책을 쓰게 된 가장 유력한 동기는 바로 이것이다. 따라서 이 책은 출산이 사회에서 요구되는 '엄마 되기(being mother)'와 어떻게 연결되는지, 출산이 여성과 남성 모두에게 어떻게 읽혀야 하는지를 출산의 사회학과 출산의 철학으로 다루는 기록이 될 것이다.

그리고
나는 아이를 낳았다

개인적으로 출산은 내 인생에서 목숨을 걸었던 유일한 순간이었다. 진통을 하면서 나는 마치 내일이 존재하지 않을 것 같은 절망을 느꼈다. 소리 없는 전쟁터에 홀로 남아 정확한 파워를 알 수 없는 거대한 적을 마주한 느낌이었다. 막막하고 고독했다. 분만할 때 나는 분명 현실에 발을 딛고 있었지만, 내 정신은 이미 내 통제를 벗어나 있었다. 영겁으로 이어질 듯한 진통으로 나는 현실감각을 잃어가고 있었다. 그렇게 현실과 비현실의 어디쯤에서 나는 내가 과연 성공적으로 출산을 마칠 수 있을지 의심하고 있었다. 점점 자신이 없어졌다. 의료 개입이 최소화된 출산을 하겠다고 수없이 다짐했건만 어느 순간 나는 "제발 저 좀 살려주세요. 지금이라도 무통주사 놔주시면 안 돼요? 지금이라도 제왕수술 해주시면 안 되나요? 저, 애기 좀 어떻게든 제발, 꺼내주세요."라고 애원하고 있있다. 그때는 그저 '어떻게든' '제발' 이 출산이라는 여정을 빨리 끝내고픈 마음뿐이었다.

부족한 수면시간, 너덜너덜해진 마음과 고갈된 체력으로 나는 완전히 무너졌다. 그 누구도 대신해줄 수 없는 과업. 미리 마음의 준비를 했음에도 진통의 혹독함은 내가 기대한 것 이상이었다. 나는 계속 피를 쏟았고, 양수를 쏟았고, 앉지도 못하고 서지도 못한 채 혼미해졌다. 자궁 뼈가 10센티미터 벌어지기 위해, 아기가 나올 수 있게 하기 위해 자궁은 이완과 수축을 반복했고, 내 몸은 해체에 가깝게 흩어지면서 진통의 충격을 흡수하고 있었다. 나의 신체와 감정은 격렬하게 흔들렸다.

○ 아기는 엄마보다 힘들다는 말

결국 영원 같던 시간이 흘러 도무지 끝날 것 같지 않았던 진통이 끝나고, 아기가 세상으로 나왔다. 아기가 나오자 세상의 모든 관심은 아기에게 쏠렸다. 나는 그저 '부상자'로 뒤에 남겨졌다. 임신과 출산에 이르는 긴 과정을 애도하거나 축하할 겨를도 없었다. 온몸에 묻은 땀과 피, 양수를 씻어내고 거울 앞에 섰다. 그제야 정신이 돌아왔다. 거울에 비친 나는 정말 낯설었다. 몸부림치느라 산발이 된 머리, 3일이나 잠을 자지 못해 부스스해진 얼굴, 까칠한 눈동자, 거무튀튀한 선을 선명하게 간직한 채 흉측하게 꺼진 뱃가죽, 힘없이 굽어버린 허리.

나는 병원이 준비해준 식사와 간식에 손도 대지 않은 채 침대에 누웠다. 부족한 잠을 청하고 있는데 새벽녘 조산사가 나를 깨웠다. "엄마, 아기에게 젖 물려야 해요." 눈꺼풀이 너무 무거워서 힘겨워하는 나에게 조산사는 냉정하고 엄격하게 말했다. "지금 아기는 엄마보다 더 힘들어요. 갑자기 세상에 나와서 얼마나 불편하겠어요? 엄마 뱃속에서 편안히 있다가 저렇게 딱딱한 침대에서, 부드러운 양수에 감싸여 있다가 거친 천(속싸개) 하나 두르고 있으니 말도 못 하는 아기가 얼마나 힘들겠어요?" 그녀는 아기가 겪는 어려움과 불편함이 내 탓인 양 말했다. 물론 그 말에도 일리는 있다. 나 역시 '아기가 힘들겠다.'고 생각했다. 그렇지만 나도 너무 힘들었다.

아기는 출산 당시 산모의 열 배나 되는 고통을 느낀다고 한다. 그런데, 산모는 열 달 동안 아기를 품고 오느라 정말 힘들고 불편하지 않았던가? 신생아의 고통이 엄마 탓은 아니잖은가? 엄마가 어디까지 더 힘들어야 신생아를 충분히 위하지 못하고 있다는 죄책감에서 벗어날 수 있을까? 조산사의 얼굴은 다리를 벌리고 검진대에 올라 내진을 견디던 때 "엄마, 가만있어요! 참아요!"라고 눈을 부라리던 산부인과 간호사의 얼굴과 닮아 있었다.

여인이여,
엄마가 될지어다

○   보편 인류에서 여자로

나는 이후로 자잘하고 사소한 일들의 중첩을 통해 엄마와 아빠의 의미와 역할이 결코 '부모'라는 단어 아래 동등해질 수 없음을 깨달았다. 아빠와 엄마 사이에는 범접할 수 없는 위계가 있었고, 다른 기대치와 시선과 편견이 있었다. 여성은 결혼과 출산 이후 가시화되지 않는 실체에 상처받고 부서진다. 무엇보다 답답한 것은 그 실체를 언어로 포착하기가 너무나 힘들다는 점이다. 엄마에게 요구되는 사회의 시선과 기대는 교묘하고 조직적이며, 대개 이 요구들은 조용하고 은밀하게 진행된다.

'엄마 되기'는 여성에게 자신과 엄마의 삶을 동일시하라고 강요한다. 이중적으로 여성을 훼손하는 그 과정의 시작이 바로 임신과 출산이다. 출산은 숭고한 경험이고 모성은 위대한 본능이라고 하지만 출산의 과정은 결코 숭고하지만은 않다. 차라리 모욕에 가깝다. 임신은 축복이라지만 임신과정은 대부분 우울과 고통을 인내하는 시간이다. 나를 낳아준 엄마는 고맙고 불쌍하지만, 집 밖에서 만나는 아줌마는 조롱과 비웃음의 대상이다. 여성을 향한 시선과 평가, 그리고 여성을 둘러싼 환경은 이렇게 교묘하고 이중적이다.

출산 전에 나는 내가 (성별에 구애받지 않는) 보편적 인류라고 생각했다. 나는 인간이지 '여자'가 아니었다. 내가 생각하는 나는 언제나 '보편 인류'였다. 40년 가까이 여성으로 살아왔고 수많은 '치마'를 입어왔지만 나는 내가 여성임을 자각하지 않고 살았다. 그런데 임신과 출산은 머리를 후려치며 "너는 여자야."라고 말해주었다.

이 깨달음은 정말 굉장한 것이었다. 이상하지 않은가, 치마를 입고서도 자신을 '보편 인류'라고 생각했는데, 그렇게 생각하는 데 아무 문제가 없었는데, 긴 인생에서 십 개월간의 임신 경험과 며칠 동안의 출산 경험이 나를 비로소 '여성'으로 자각하게 해주다니! 이 간극에 대해 나는 오래 고민했다. 이 의문은 출산 이후 세상과 불화했던 나의 내면과 직접 연결되었기 때문이다. 그 후 나는 우주 보편의 진리라고 여겼던 남성 중심적 텍스트에 내 삶을 맞추려고 하지 않았다. 아니, 세상의 보편 진리라고 하는 것이 남성적이었음을, 남성이 늘 세상의 기준이자 보편이었음을 인지하게 되었다. 그리고 나는 결코 '보편 인류'가 아니었다는 사실도 알게 되었다.

○ 모성은 신화다

2019년에 방영되었던 드라마 〈동백꽃 필 무렵〉에서 동

48

백이가 이런 대사를 내뱉었다. "캔디는 슬프고 괴로운데, 왜 울지를 않아? 걔 혹시 사이코패스 아니야?" 감정을 표현하지 않는 부자연스러움에 대한 촌철살인 같은 대사라니. 정말이지 가슴에 콱 박히는 한마디였다. 출산 이후 개인의 감정을 사회가 어떻게 단속하는가에 관해 깊이 고민하던 터였기에, 더 정확히는 '엄마'라는 사람은 도대체 어떤 감정을 느껴야 하는 존재인지 고민하고 있었기에 동백이의 말이 더욱더 가슴에 닿았다.

사실 '엄마'라는 존재는 단독으로 존재하지 않는다. 누군가의 딸, 직장인, 며느리, 엄마……. 이 모든 위상은 한 존재가 맡은 일부의 역할 혹은 기능일 뿐 그 사람 자체는 아니다. 그런데 우리는 유독 엄마에 대해서만큼은 엄격하고 획일적이며 도덕적인 잣대를 들이댄다. 엄마는 아이로 인해 행복을 느껴야 하고, 엄마는 아이를 위해 희생해야 하고(불평하면 안 된다), 엄마가 된 것을 단 하나라도 후회하면 안 된다……. 사회에서 승인하는 엄마의 기준을 못 따라가는 여성은 정상이 아닌, 이기적인, 벌 받아 마땅한 여자가 된다. 모성의 맹목적인 미화와 숭배는 이처럼 여성을 억압한다.

출산 이야기는
부끄러운 것인가?

○　　나의 출산을 이야기해주는 언어가 필요하다

임신과 출산에 이르기까지 느꼈던 나의 감정들을 털어놓을 곳이 어디에도 없었다. 아기가 태어난 이상 그간의 과정은 하나도 중요하지 않은 듯했다. 아무도 내 출산의 과정을 중요하게 여기지 않는 것 같았다. 그래서 나는 이것을 꼭 기록으로 남기겠다고 결심했다. 일말의 사명감마저 느꼈다.

글을 쓰는 사이 기사를 하나 읽었다. 2019년 12월 12일자 뉴스였는데 강원도 속초의 한 삼십 대 산모가 아이를 낳은 지 아홉 시간 만에 숨졌다는 것이다. 사망 원인은 과다 출혈이었다. 산모의 유가족은 의료진의 미흡한 대처를 비난하며 이렇게 물었다. "요즘 시대에 애 낳다가 죽는 게 말이 되나요?" 진통의 혹독함을 걱정했겠지만 설마 애를 낳다가 죽을 수도 있다는 것은 상상조차 하지 못했을 것이다. 하지만 출산을 직접 겪어본 이들은 다 안다. 오늘날에도 여전히 출산은 여성이 목숨을 걸이야 하는 일이이라는 것을. 티나 캐시디는 『출산, 그 놀라운 역사*Birth: A History*』에서 이렇게 말했다. "오늘날 우리는 날씨를 예측할 수 있고, 달에도 갈 수 있고, 인간 유전자를 동물에 이식할 수도 있고, (……) 그러나 통증을 최소화하며, 기쁜 마음으로, 자연스럽고, 안전하게 출산하는 방법은 아직 찾지 못했다."고 말이다.

나는 속초의 산모사망 기사를 읽으며 산모가 다른 지역의 다른 병원에서 출산했더라도 똑같이 사망했을까, 하는 질문을 던지지 않을 수 없었다. 그 산모가 다른 환경에서 출산했더라면 어땠을까? 모든 산모는 자신이 출산하는 지역의 병원에서 주로 어떤 의료사고가 많이 발생했는지, 어떤 부분이 취약한지에 대해 충분한 정보를 얻을 자격이 있다. 아니, 당연히 알아야 한다. 주체적으로 병원을 선택하고 판단할 수 있어야 한다.

　기사 속 산모는 속초에서 분만 이후 강릉의 대형병원으로 이송되었다고 한다. 산모는 분만하기까지 어떤 과정을 거쳤을까? 자연스럽고 편안한 환경에서 최대한 안전하게 분만할 수 있었을까? 어떤 주사를 맞았을까? 그 과정에 이르기까지 마지막 달에는 초음파 검사며 아기 위치 확인이며 내진도 있었을 텐데 그때까지 정말 아무런 문제도 발견되지 않던 걸까? 회음부절개는 제대로 되었을까? 동맥이 지나가는 자리를 회음부절개로 건드린 거라면 사전에 이런 것을 예방할 수 있는 방법이 없었을까? 보기에 좋지 않더라도 회음부절개를 하지 않는 것이 더 안전한 방식 아닐까? 출산 방식은 어땠을까, 유도분만이었을까, 무통분만이었을까? 산모와 의료진과의 관계는 어땠을까? 산모는 의사를 전적으로 신뢰했을까? 임신에서 출산으로 이어지는 동안 임산부의 정서는 안정적이었을까? 끊임없이 떠오르는 질문들 때문에 나는 괴로웠다.

○　　부끄러움을 미분하니 상처가 남았다

자신이 아기를 낳을 지역과 병원을 선택하는 것은 개인의 몫이다. 따라서 가장 중요한 것은 산모들이 병원에 대한 충분한 정보를 가져야 한다는 점이다. 그러나 대한민국에서는 이미 출산 경험이 있는 엄마들조차 출산에 대해 잘 알지 못한다. 책을 준비하면서 여러 사람에게서 이야기를 듣고 싶었지만 역시 뜻대로 되지 않았다. 아니, 모든 이야기는 두 가지로 수렴되었다. 부끄럽거나(그래서 이야기하고 싶지 않다) 제왕절개를 해서 딱히 해줄 이야기가 없거나.

물론 출산은 굉장히 내밀하고 은근하고 정말 사적인 이야기다. 나는 출산이 섹스보다 더하면 더했지 결코 덜 사적이라고 생각하지 않는다. 섹스는 그 행위 자체에 목숨을 걸지 않지만, 출산은 사적이고 정신적이면서 목숨까지 걸어야 하는 매우 중대하고 복잡한 모든 것이 한데 엉켜 폭발하는 지점이다. 출산에 대한 이야기가 쉽게 글로 쓰이지 못하는 배경이다. 나 역시 출산에 관한 책을 쓰고 있는 중이라고 했을 때 다양한 의견을 받았는데 가장 압도적인 것이 '부끄러울 수 있는 일'이었다. 글에 드러나는 부족한 소양이나 지적 능력 때문이 아니라 자신의 신체, 그중에서도 가장 은밀한 곳을 거쳐야 하는 이야기이기에.

그런데 한 가지 의문이 있다. 우리가 자신의 '몸'에 대해 이야기하는 것이 정말 부끄러운 일인가? 특히 여성에게는 자신의 몸을 드러내거나 성생활 이야기를 하거나 신체 노출 경험 등이 금기시된다. 출산에 관한 경험담이 빈약하고, 생략이 많고, 기록으로서 참고할 만한 가치 있는 자료들이 그토록 희박한 이유도 바로 이것 때문이 아닐까? 출산에 대한 사회의 통념은 결국 여성의 신체에 대해, 신체의 변화에 대해, 여성이 겪은 신체 체험에 대한 직접적이고 자세한 묘사의 금기와 맞닿아 있다.

나는 왜 내 신체에 대해 말하는 것이 부끄러워야 할 일인가에 대해 질문을 던지고 싶다. 출산 그 자체는 부끄러운 일이 아니다. 하지만 묘하게도 산모들은 출산 과정이 굉장히 굴욕적이고 가장 수치스러운 일이 될 수 있다는 것을 이해할 것이다. 나의 경우도 출산 과정에 모욕적이고 폭력적이라고 느낀 순간이 여러 번 있었다. 의식적으로 정확히 구분하지 못하더라도 출산을 경험한 대부분의 여성들은 출산 과정 중 크든 작든 상처를 받았을 것이다. 그리고 이 모든 상처를 뭉뚱그려 '부끄럽다'고 표현하는지도 모른다.

출산은 여성의 역할이고, 엄마로서 새 생명을 낳는 희생적이고 숭고한 일이라는데 왜 정작 출산을 경험하는 이들은 수치스러워야 할까? 이 괴리야말로 출산의 가장 큰 문제점이 아닐까?

둘째 날

나는
출산에 대한 무지를
고발한다

칼바람 산부인과 진료실

P : 저, 혹시 이 병원의 산모사망비율을 알 수 있을까요?

D : 저희는 안전한 병원입니다.

P : 제가 책에서 보니까 유럽이나 일본에서는 회음부절
개를 하는 산모가 10퍼센트 미만이라고 하던데, 이 병
원은 어떤가요?

D : (타협은 없다는 단호한 말투로) 말도 안 됩니다. 회음부
절개는 모든 산모가 해야 합니다.

P : 산모 사망이 주로 과다출혈로 발생한다던데, 혹시 회
음부절개부위에 동맥이 있으면 어떻게 되나요?

D : 수혈이 필요한 응급상황에 대비해 피가 준비되어 있
지만, 과다한 경우 인근의 대학병원으로 이송합니다.

P : 무통마취를 하는 비율은 얼마인가요?

D : 꼭 권하는 건 아니지만, 거의 모든 산모가 찾게 됩니

다. 엄마도 그렇게 될 거예요.

P : 진통을 하다가 제왕절개를 하게 되는 비율은 얼마나 되나요? 어떤 경우에 그렇게 되죠?

D : 아니, 왜 쓸데없는 걱정을 미리 하려고 그래요? (책망하는 눈빛)

P : 진통 중 내진은 몇 번이나 하게 되나요?

D : 천천히 다 알게 됩니다. 바쁘니까 나중에 이야기하죠. (왠지 불쾌한 얼굴)

P : 출산 때 내진하는 의사는 몇 명인가요?

D : (이쯤 되면 화가 나 보이는 의사) ……. 다음 어머니!!!

임산부의
마음

앞에서 묘사한 진료실의 상황은 현실에서 절대 있을 수 없는 풍경이다. 가상으로 만들어본 진료실 풍경이지만, 여기서 우리는 정확한 정보를 얻으려는 임산부와 정확한 답을 회피하고 싶어 하는 의사 사이의 긴장감을 엿볼 수 있다. 정보를 하나라도 더 알고 싶어 하는 환자와 (환자의) 질문이 불쾌한 의사 사이의 미묘한 신경전이 어색하게 뒤범벅된 진료실 풍경은 실제로 재연되기 어렵다. 질문이 종종 권위에 대한 도전으로 여겨지고, 의사의 실력에 대한 의심으로 비춰지는 풍토 탓이다. 그러니 환자는 결코 의사에게 자신의 안전과 직결될 수 있는 것들에 대해 물을 수 없다. 결국 알아야 할 많은 것을 모른 채 출산하게 된다.

이런 과정은 의사를 포함한 병원 의료 시설로 대변되는 전문가의 일방적 판단과 결정에 의존해야 하는 산모를 양산(量産)한다. 전문화, 의료화한 출산 관행의 사회에서 산모는 무력해진다. 처음 겪는 일에 대한 무지와 낯설음에서 야기되는 공포와 불안이 산모에게 가중되지만 본인이 적극적으로 나서거나 개입할 수 있는 부분은 매우 적다. 현대의 출산에서 병원 검진, 검사 수치, 의사의 진단은 그만큼 절대적이다.

"가만있으면 중간이나 가지." "모난 돌이 정 맞는다."

와 같은 어이없는 말들이 만연한 사회에서 환자들이 의료진을 향해 던지는 여러 질문은 권위자에 대한 도전으로 읽힌다. 중학교 때 읽은 서진규 박사의 『가발공장에서 하버드까지』라는 책에 나오는 출산 일화가 떠오른다. 첫째를 출산할 때, 제왕절개 수술 직전 담당 의사와 사소한 말다툼이 있었고, 그 의사는 서진규 박사의 몸에 비키니를 입을 수 없는 세로의 긴 수술자국을 남겼다는 에피소드였다. 어릴 적 나는 그 책을 '학업을 추구하는 아름다운 삶의 표본'으로 기억하고 있었는데, 출산을 하고 난 어느 날 거의 20년 전에 읽은 책의 이 출산 일화가 불현듯 떠올랐다.

의사가 환자에게 어떤 불이익을 줄지 환자는 알 수 없고 증명할 수도 없다. 다만 의사의 심기를 건드렸을 때의 치명적 위협에 대해 두려워하고 걱정할 뿐이다. 의료 취약 지역에서는 의사와 환자의 관계가 더욱 수직적이며 고압적이다. 하지만 임산부 편에서는 결코 덤덤하게 지나칠 수 없다. 본인뿐만 아니라 태아의 목숨까지 무려 두 명의 목숨이 걸린 중대한 일이기 때문이다. 따라서 이 경우 임산부는 가장 보수적으로 행동하게 된다. 여성의 출산은 모험을 감당해도 좋을 이벤트가 아니다. 실패가 허용될 수 없다. 여성의 출산은 전쟁터에 나가 꼭 이겨야만 하는 대결이다. 실패는 산모 또는 아기에게 치명타를 입히거나 극한의 경우 죽음으로 이어질 수 있기 때문이다.

그러나 현실은 어떤가? 좀 더 친절한 병원을 찾거나 '자연주의 출산' 등 개인의 철학과 일치하는 병원에 접근하는 일은 대다수 임산부에게 어려운 일이다. 좀 더 비싸고 좋은 병원은 경제적인 여건이 허락하지 않으면 선택할 수 없다. 비용 문제로 일반 병원에서 이루어지는 출산 과정을 선택해야 한다는 것은 예비 산모가 주도적으로 출산의 방식을 선택할 수 없다는 뜻이기도 하다. 이른바 출산에도 경제의 원리가 적용되는 셈인데, 대한민국 같은 나라에서는 건강 형평성이 실제로 가장 이루어지기 어려운 사안 중 하나다.

새로운 생명이 세상의 빛을 보는 경이롭고 황홀하고 숭고한 순간이 엄마의 죽음을 담보로 해서는 안 된다. 그럼에도 모든 산모는 삶보다는 죽음에 더 가까운 어떤 세계에 다녀올 수밖에 없다. 나는 출산을 마친 산모가 아기로 인해 결코 백 퍼센트 행복해하거나 설레는 것을 본 적이 없다. 아니, 그렇게 믿지 않는다. 막 출산을 마친 산모는 임무를 가까스로 완수한 데 대한 안도감, 가혹한 산통이 끝났다는 것을 알고 난 후의 안심, 도저히 내 몸 같지 않은 몸, 그 몸에 누적된 피로, 앞으로 가야 할 미지의 세계에 대한 두려움 등으로 신체적으로나 심리적으로, 그리고 정서적으로 매우 복잡한 상태에 놓인다. 자신을 돌볼 여유도 아기에게 집중할 기력도 없다. 모든 에너지가 소진되어 휴식을 취하고픈 마음만 절실한 부상병 같다.

○   수치심과 모욕감 사이

"다리 좀 더 벌리시라니까요.""아니, 가만히 계세요!" 나보다 한참 나이가 어려 보이는 간호사가 얼굴을 찌푸리며 짜증을 낸다. 곧이어 "엄마, 가만히 계세요!" 하는 호통이 날아들었다. 나는 '누구누구 씨'도 아니고 그냥 '엄마'라는 하나의 보통명사로 칭해지는 육체일 뿐이었다.

처음 보는 남자 의사와 간호사 앞에서 다리를 벌리고 있는 것이 내게는 몹시도 민망했다. 불편한 자세, 낯선 이에게 무방비로 노출된 신체 일부, 낯선 감각, 날아드는 책망과 비난, 간호사의 짜증스러운 얼굴…… 그 모두가 그랬다. 의사가 손가락에 힘을 주자 자궁 입구가 아팠다. 그것이 바로 약간의 출혈을 동반한 나의 첫 내진이었다. 흔히 '굴욕의자'라고 불리는 의자에 앉아 있는 심정은 그야말로 처연했는데, 아프고 부끄럽고 당황해서 어쩔 줄 몰라 하는 나를 죄인 다루듯 하며

"가만히 있으라."고 호통을 치는 의료진들이 있는 그 진료실이 내겐 참 모욕적이었다.

　살아 있는데, 자극이 오면 아픈데, 어떻게 '가만히'만 있을 수 있겠는가? 내가 시체가 아닌데 홀랑 벗은 채로 타인의 '찌푸린' 시선 앞에서 그 어떤 감정의 요동이 없을 수 있을까? 가능하지 않은 것을 요구하며(감정의 요동이 없을 것, 신체의 요동이 없을 것), 그것을 지키지 못한 이를 나무라는 태도가 내게는 폭력으로 다가왔다. 그들은 정녕 내가 시체이길 바랐던 걸까? 감정을 없애고 움직이지 말라는 요구, 그것은 살아 움직이는 몸에 대한, 모든 것을 자각하는 감정에 대한 일종의 혐오다. 세상은 살아서 자신의 생각을 말하고 자신의 감정과 고통을 표현하는 엄마를 금기시한다. 엄마는 죽어서 '불쌍한 엄마'로 박제되기 전까지, 혹은 시간이 흘러 손자에게 '불쌍한 할머니'가 되어 힘이 완전히 박탈되고 발언권이 사라지기 전까지 신정한 엄마가 될 수 없나 보다. 세상은 엄마가 되지 않은 여자도 혐오하고, 엄마가 된 여자도 혐오한다.

　환하게 조명을 밝힌 산부인과 진료의자 위에서 다리를 있는 힘껏 벌린 채 의사 앞에 앉아 의사와 간호사의 '그만'이라는 말이 떨어지기 전까지, 그들이 나의 가랑이에서 시선을 거두기를 기다리는 시간은 아마 5분이 채 넘지 않았을 것이다. 하지만 그때의 내가 느낀 곤혹스러움과 적나라한 경멸 혹은 편잔은 진료 이후 오랫동안 잊히지 않았다. 나는 모욕을 느끼지 않기 위해, 나 자신의 본질을 부정해야 했다. 수치심을 안겨주는 임신과 출산 과정은 결국 개인을 탈인격화하며 '성원권'을 박탈하는 구조적인 폭력이 된다. 굴욕의자에 앉아 수치심과 모멸감을 견뎌야 하는 임산부는 자신의 존엄을 지킬 수단이 없기에 루쉰의 아큐처럼 '정신승리'법을 쓸 수밖에 없다. 자신이 인간 취급을 받지 못하는 것을 직감하는 임산부는 결국 '검진대 위의 나는 내가 아니야.'라고 스스로를 부정해야 한다. 이러한 분열, 해리증상은 극단적 무기력 상태(공포, 위협, 고문, 폭력)에서 벌어지는 정신 작용이다. 이것을 우리는 트라우마라 부른다. 산모의 신체를 감정과 분리해서 철저히 해부학적 시선에서 다루는 현대 의료화한 출산의 관행은 본질적으로 임산부를 의식의 분열로 이끌 수밖에 없으며, 이것은 이후 우울증, 신경쇠약, 강박증, 화병 등으로 남아 다양한 증상으로 드러나게 된다. 그러나 이에 대한 문제의식은 전무하다.

 (미혼시절의 자궁경부암검사 산부인과 진료 및 정기검진을 제외하고) 임신에서 출산에 이르기까지 내 가랑이를 직접 본 사람을 세어봤더니 의외로 많았다. 종합병원 의료진, 대학병

원 의료진, 조산원 조산사, 출산병원 의료진(조산사 및 간호사)까지 거의 10명 가까이 된다.

그 와중에 한 조산사는 내 가랑이를 평가하며, 옆에 있던 남편에게 칭찬까지 했다. "정말 복받은 남편이네요. 아래가 깨끗해요."라고 말이다. 나와 남편은 애매하게 웃었는데, 추측컨대 내 몸에 낙태의 흔적이 발견되지 않았다는 이야기 같았다. 순간, 이런 이유로 가치판단을 당했을 수많은 여성이 떠올랐다.

나의 경우는 비교적 순탄한 임신이었고 순산이었음에도 그렇다. 산부인과 의료라는 이름으로 민망함을 참았지만 수치심이 없었던 것은 아니다. 그런데 그 누구도 내게 '그런 감정'이 있다고 여기지 않는 듯했다. 「벌거벗은 임금님」에 나오는 사람들처럼 나는 벌거벗고 창피했는데, 세상은 짐짓 내가 옷을 입고 있다고 우기며 왜 부끄러워하냐고 윽박지르는 듯했다. 임신 과정은 내 인생에서 가장 수치스러운 순간이었다. 나는 분명 모욕을 느꼈는데 아이러니하게도 그 어떠한 책이나 매체에도 '수치'란 단어는 언급되지 않았다. 모두가 행복과 기쁨을 말했다. 아기를 임신한 대단한 엄마, 생명을 낳는다는 것의 거룩함, 희생하는 엄마의 아름다움, 모성의 숭고함, 아기 탄생의 성스러움에 대한 언급이 압도적이었다.

나는 내가 느끼는 불안한 감정, 배신당한 감정, 모멸스러운 감정이 정상이 아닌가 싶어서, 혹시 내 감정이 틀렸거나 이상하거나 예민한 건 아닌가 싶어서, 정말 여러 번 스스로를 돌아봐야 했다. 내가 느낀 감정과 나 자신을 검열했다. 그래도, 역시나 결론은 같았다. 나는 수치심을 느꼈다. 나는 분명 수치스러웠다. 그리고 어느 순간, 나는 더 이상 내 감정을 부정하고 싶지 않았다. 나는 임신과 출산 과정 중 느꼈던 불안, 걱정, 초조, 우울, 모멸감, 슬픔, 막막함…… 등의 감정과 상처들을 인식하고 처리하는 방식에 대해 질문을 품게 되었다. 그리고 내가 왜 수치스럽다고 생각했는지 그 이유를 직면하고 싶었다.

○　출산은 문제'들'이 폭발하는 현장이다

현대사회가 굴욕에 주목하는 가장 큰 이유 중 하나는 가해자가 인격화된 형태로 등장하지 않는다는 점 때문이다. 굴욕을 느낀 개인은 있는데 굴욕을 준 주체는 뚜렷하지 않아 모욕감이 어디서 발생하는 것인지 명확히 알기가 어렵다. 오늘날 정교하게 구조화된 사회에서 개인의 감정이 통제되거나 억압되는 메커니즘을 파악하려면 결국 근대성에 대한 광범위한 연구를 할 수밖에 없다고 주장하는 배경이다. 개인의 감정은 명확한데 감정이 발생하는 메커니즘은 모호한 것, 나는 이것이 현대인이 자신이 누구인지 알 수 없게 만들고, 궁극적으로 병들게 만드는 원인이라 생각한다. 그 결과 우리 모두 '내가 누구인지 알지 못하는' 시대에 살고 있는 셈이 되었다.

현재 세계엔 명확하게 드러난 적(enemy)이 없다. 세계는 과학, 의학, 지식, 발전의 이름과 선의로 세련되고 매끈하게 포장되어 있다. 누구나 교육과 의학의 발전과 풍요로움의 혜택을 입고 있는 것처럼 보이며, 스마트폰으로 언제든 정보에 접근할 수 있을 것처럼 착각하게 만든다. 하지만 매일 우리가 접하는 정보와 지식이라는 것이 과연 누구의 것이며, 누구를 위한 지식과 정보인지, 누구의 언어로 생산되고 소비되는 것인지 알 길이 없다. 우리가 날마다 마주하는 실체는, 사실은 너무도 거대하고 복잡하고 강철 같아서 해체하기 어렵다. 그리고, 겉으로는 자유로워 보이지만 현실 속의 나는 결코 자유롭지 않다. 바로 이 괴리감이 오늘날 우리가 끝없이 의문을 제기하고, 질문을 던지고, 의심하고 풀어가야 할 화두가 아닐까?

칼바람 산부인과 진료실 풍경

(임신 6개월 차 정기검진)

P :　선생님, 저 감기가 낫질 않아 너무 힘들어요. 기침이…….

D :　(임산부가 아닌 차트를 보면서) 면역력이 약해져서 그래요. 근데 잠깐!

P :　네?

D :　엄마, 지금 체중이 얼마나 불어난 거죠?

P :　그게 제가 지금 감기 때문에 집 밖에도 못 나가고, 약도 먹을 수가 없어서 면역력을 위해 이것저것 챙겨먹다 보니…….

D :　(짜증스럽게) 이거 체중이 너무 늘었네. 아기에게 안 좋아요. 엄마, 이렇게 관리 안 하면 어떡해요?

P :　그렇다고 제가 막 야식을 하거나 그런 건 아닌데.

D : 양이 중요한 게 아니에요. 영양가 있는 좋은 음식을 소식하셔야죠.

P : 아, 저도 그러고 싶은데, 그러려고 했는데. 제가 딱히 뭘 많이 먹은 거 같지 않은데…….

D : (호통 치듯) 거짓말하지 마요. 안 먹었는데 왜 쪄요!

P : 그게 저도 이해가 잘…….

D : 엄마 쉽게 되는 거 아니랍니다.

P : 네? 전 지금도 너무 힘든데. 선생님 그런데, 저 감기가 낫질 않아서 힘든데요?

D : 그건 일단 좀 쉬고, 회복하려고 노력해보고 다시 이야기합시다.

P : ???

임신,
그 무거움에 대하여

앞에 묘사한 상황은 내가 실제로 겪은 것이다. 임신도 어느덧 중반을 넘어서 누가 봐도 임산부임을 알 정도로 배도 크게 불러오고 몸은 점점 무거워지고 있을 때 계절은 이미 한겨울로 접어든 터였다. 여전히 아침 7시면 나는 출근길에 나섰고, 그래도 운동을 게을리 하지 않으려는 마음에 퇴근 후에도 조금씩 산책을 하거나 걸어 다녔다. 몸은 천근만근 물먹은 솜처럼 무거웠고, 하루건너 도착하는 '미세먼지 나쁨' 경고도 신경을 거슬리게 했다.

마스크를 쓰고, 장갑을 끼고 축축 늘어지는 몸과 마음을 억지로 다잡아 운동을 시도했지만 직장생활과 병행하던 임신 과정은 내 예상보다 더 큰 면역력 저하를 가져왔다. 나는 지독한 기침감기에 걸리고 말았다. 평소라면, 감기 초반 약을 먹으면 금방 낳았을 텐데 임부이다 보니 함부로 약을 먹을 수 없었다. 실제 임산부는 의료 계의 고아라 불린다. 그만큼 임산부들이 복용 가능한 약에 대한 안전성 검사나 연구가 미비한 실정이다. 복약 여부 및 안전성에 대한 정확한 결과를 알려면 임산부를 대상으로 실험해야 하는데, 실제 그렇게 하기는 너무나 어렵다. 결국 나 역시 병원 약 대신 도라지청, 무청, 비타민, 대추차, 각종 천연허브 제품 등을 먹었으나 기침

감기는 내 온몸을 흔들 정도로 격렬해질 뿐이었다. 동시에 내 체중은 빠른 속도로 증가했다. 당시 나는 임신 초기의 입덧은 사라졌지만, 요실금 증상이 생겨서 기침을 하거나 조금만 방심하고 웃어도 곤란해지곤 했다.

나는 통제되지 않는 나의 몸이 너무 낯설 뿐 아니라 멈추지 않는 기침 때문에 괴로웠다. 동시에 사회생활을 유지하기엔 점점 곤란한 상태로 접어드는 임신 증상들 때문에 내면은 자꾸 피폐해졌다. 식욕, 면역력, 신체활동, 다양한 증상 등 그 모든 것이 내 통제를 벗어나고 있었다. 문득 임신 초기에 겪었던 복통의 경험이 떠올랐다.

> 나: 저, 선생님 배가 너무 아파서 왔어요. 지난밤에 한숨
> 도 못 자고 얼마 전엔 응급실도 다녀왔어요.
> 남의사: 그래요?
> 나: 네…… 왜 그럴까요? 방법이 없을까요?
> 남의사: 원인은 워낙 다양해서 알 수가 없어요.
> 나: 그럼 전 어떡해요.
> 남의사: 임신이 뭐 좋은 건 줄 알았어요? 그냥 군대 왔
> 다 생각하세요.
> 나: 군대요?

나는 임신 초기, 복통으로 인해 앉아 있을 수도 밤에 잠을 잘 수도 없었다. 참고 참다가 한밤중에 대학병원 응급실에 방문했다. 오래 기다려 진료를 받고 각종 검사를 했는데, 허무하게도 의사는 원인을 알 수 없다고 했다. 원인을 알 수 없으니, 어떤 처방도 받을 수 없었다. 그러고는 덧붙인다는 말이 "산부인과 진료로는 소견이 나오지 않는 걸 보니 맹장이 문제일지도 모른다."는 것이었다. 그럴 가능성도 있기 때문에 원인규명을 하자며 MRI검사를 권했는데 결국 선택은 환자(나)의 몫이라고 했다.

나는 고민 끝에 일단 더 기다려보고 다시 병원을 방문하기로 했다. 하지만 복통이 멈추지 않아 직장생활에 무리가 왔다. 배가 아파 잠을 잘 수 없으니, 나른하고 어지러워서 낮에 일하기가 어려웠다. 대학병원 방문 며칠 뒤, 산부인과 대형병원을 찾아갔다. 역시 알 수 없다는 말과 "군대 왔다 생각하고 견디라."는 허무한 답변만 들었다. 그때 의사가 차라리 "임신 초기 자궁이 커지느라 복통이 올 수 있으니 조금 더 지켜보자."라고 대답했거나 "원인을 알 수 없으니 얼마나 답답하겠느냐. 힘들겠다."라는 식의 따뜻한 위로 한마디만 해줬어도 마음이 훨씬 안정되었을 것이다. 그런데 어이없게도 임신을 군대에 비교하며, 임신이 뭐 좋은 건 줄 알았냐고 핀잔을 주다니. 나는 심하게 모욕감을 느꼈다. 그것이 의사가 환자에게 해도 좋을 말인가? 임신을 군대 입대로 비유하는 의사는 과연 환자에게 어떤 구체적인 도움을 줄 수 있을까?

그저 견디라며 임산부를 냉대하거나, 혹은 각종 검사만 권하며 결과는 환자 몫이라고 말하는 무책임하고 무성의한 의료 실태에 나는 분노했다. 더욱 우울해졌다. 『절대여자』를 쓴 아드린느 플뢰리는 이렇게 이야기한다. "엄마가 되는 것이 기쁘다고 임신까지 좋아할 수는 없었다."고 말이다. 그녀는 "지나치게 부풀어 오른 가슴, 숨 막힘, 사람들의 시선 등이 괴로웠으며 사람들의 눈에 임산부는 인격체가 아니라 임신한 여성으로만 환원되었다."고 고백했다. 임신한 여성의 절망은 바로 여기에 있다. 자신이 인격체로 여겨지지 못하고, 사람대접을 받지 못한다고 느낀다. 임신한 여성이 느끼는 괴리감은 이전까지 자신이 자연스럽게 느꼈던 사회 성원권을 갑자기 박탈당했다는 인식에서 비롯된다. 이것은 자신도 모르게 불완전한 존재로 취급받게 된 데서 오는 분노이자 산부인과 병원 진료실에서 의사와 면담할 때마다 가져야 하는 '소위 정상성'을 벗어난 신체를 자각하는 데서 오는 죄의식이기도 하다. 근거 없는 이 죄의식은 억울함과 감정적 불편함을 동반한다. 분명 잘못한 게 없는데, 자신의 신체가 통제를 벗어나고, 그로 인해 별안간 죄인 취급을 받기 때문이다. 의사와의 정기적 면담이 산모로 하여금 자책감을 느끼게 하는 것은 의사의 검열이 산모에게 끝없이 조심해야 할 것, 위험한 것들에 대한 경고투성이기 때문이다. 의사는 임산부의 무질서해 보이는 신체증상, 변비, 치질, 과체중, 출혈 등이 산모의 노력 부족이나 무신경, 부주의, 컨디션 관리 부족, 심지어 게으름 탓이라고 여기며 쉽게 비난한다. 정말 이 모든 게 임산부들이 자기관리에 소홀했던 탓일까?

○   직장 여성이 임신할 때 벌어지는 일들

직장생활을 하는 중 임신한 여성은 그리 반가운 존재로 취급받지 못한다. 병가를 쓰거나 휴직을 하게 되면 그 자리를 대체할 인력이 있어야 하는데 현실적으로 업무를 대체할 인력을 구하기가 쉽지 않기 때문이다. 그럴 경우 기존의 인력이 일을 나누어서 처리하기도 한다. 이러한 문제점들은 실상 시스템의 문제이지만 직장 내의 분위기는 임신한 사람 당사자가 자신을 죄인처럼 느끼게 만든다. 게다가 임신과 육아로 휴직할 수 있는 직종도 공기업이나 전문직처럼 한정되어 있어서 많은 경우 임신은 여성의 경력에 큰 위협으로 작용한다.

　2019년 법이 개정되면서 본인 또는 배우자의 출산 휴가는 기존 5일에서 10일로 늘어났다. 출산 직후 산모는 에너지가 방전된 상태에서 신생아와 함께하기에 사실 배우자의 도움이 절실하다. 배우자의 10일간의 휴가는 한 가정의 건강한 탄생과 그를 둘러싼 여러 사후 처리에 너무나 요긴하게 사용할 수 있는 시간이다. 하지만, 그 10일을 온전히 쓸 수 있는 직장인이 현실적으로 얼마나 될까? 내 남편의 경우, 남편의 업무를 대체할 인력이 없어 휴가를 5일만 쓰고 직장으로 복귀했다. 본인 혹은 배우자의 출산 휴가를 쓰지 못하도록 방해하는 구체적 실체는 어디에도 없다. 하지만, 실제적으로 휴가를 쓸 수 있는 환경(업무를 대체할 수 있는 방편이나 인력이 구조적으로 갖춰진)의 직장이 아닌 곳에서, 개인은 출산이라는 중대한 가정사에 집중할 수 있는 선택지가 구조적으로 박탈된다. 개인의 희생을 강요하는 실체는 없는데, 희생당하는 개인만 있는 아이러니라니!

　나의 경우도 마찬가지였다. 임신을 했지만, 업무는 평상시 그대로였다. 내 일이 줄면 동료의 일이 늘어나는 상황에서 내 일을 대신 맡겼다가 민폐라며 욕을 먹느니 죽이 되든 밥이 되든 내가 감당해야 했다. 임신을 하면 법적으로 '모성

보호' 차원에서 2시간 일찍 퇴근할 수 있었지만 현실은 '야근이나 안 하면 다행'이었다. 나는 임신 중 입덧, 체력 저하, 집중력 저하로 괴로워하며 직장업무를 수행했는데, 그 와중에 남발한 업무적 실수로 내 업무와 관련된 이들에게도 그리고 내 자신에게도 업무를 제대로 처리하지 못하는 상황이 되어 실망과 후회를 안게 되었다. 아무리 법으로 임산부를 보호한다고 해도 현실 속 직장의 문화, 인식, 시스템이 그 법을 수용하거나 뒷받침할 준비가 되어 있지 않다면 저출산 논의는 삽질일 뿐이다.

우리는
출산을 모른다

○　굴욕스러운 출산 전 처치들

　　임산부가 출산이 임박해 병원에 도착하면 대부분의 병원에서는 산모에게 제모와 관장을 시킨다. 이른바 '굴욕3종 세트(내진까지 포함 3종이다)'라 불리는 분만 전 처치다. 청결한 분만을 위한다는 명목 아래 음모를 밀어버리고, 분만 시 힘을 주다가 변이 나올 수 있다는 이유로 관장을 한다. 항문에 좌약을 집어넣고 몇 분간 안간힘으로 참아야 하는데, 화장실 가는 길까지 못 참는 경우도 있고 5분 이상 참고 있기에 변의가 심하게 느껴져 손으로 막는 경우도 있다. 또한, 출산 시 열상을 방지하고 회음부가 이리저리 지저분하게 찢어지는 것을 방지하기 위해 인위적으로 회음부를 절개한다. 내진, 제모, 관장, 회음부절개는 거의 모든 병원 분만에서 이루어지는 과정이다. 대부분의 산모는 이 과정에서 창피함, 수치스러움, 모멸감을 느끼지만 다들 어쩔 수 없는 처치라며, 또 아가를 위한 일이니 굴욕이 아니라는 식으로 정신승리를 강조하기도 한다.

　　예전에 어떤 산부인과 의사가 쓴 칼럼의 내용이 떠오른다. "굴욕의자는 (결코) 굴욕적이지 않으니 그런 언어를 사용하지 말아 달라."는 게 요지였다. 산모가 아기를 낳느라 겪는 숭고한 과정에 '굴욕'이 웬 말이냐는 것이다. 하지만, 굴욕이라는 것은 이성이나 논리와 상관없이 자연스럽게 불쑥불쑥 내 안에서 일어나는 감정이고, 이를 떨쳐내려면 수많은 절차를 거친 이성적 사고가 필요했다. 그렇다면, 굴욕이라는 언어가 먼저고 감정이 나중일까, 아니면 굴욕이라는 감정이 먼저고 언어가 나중일까. 확실한 건, 임신과 출산 체험기에 '창피, 수치, 굴욕, 분노, 좌절감, 무력감' 같은 산모의 부정적 감정을 묘사하는 단어가 참 많이 등장한다는 것이다. 아무리 굴욕을 느끼지 않으려 해도 체험하게 되는 모멸감, 무엇이 문제일까?

○ 출산이 폭력이 되는 이유

출산이 임박한 산모가 병원에 도착해 거치는 절차는 군인의 '입소' 혹은 범죄자의 '재소' 과정과 매우 흡사하다. 개성을 몰수하기 위해 벌어지는 일련의 과정은 개인의 소지품 회수로 시작되어 신체검사, 신체훼손, 신체침범, 나체되기로 이어진다. 이 과정에서 대상자는 누구나 기본적으로 갖는 자신의 이미지를 통제하고 싶어 하는 욕망을 거세당한다. 감시의 편의를 위해 강요되는 내밀한 영역의 노출과 공개적인 처벌과 조롱에 가까운 신체노출은 출산을 위해 거치는 절차와 조금도 다를 바 없다. 입원의 형식적 절차들, 즉 사진 찍기,

몸무게 측정, 소독, 제복(환자복) 제공, 규칙의 전달, 위치 배정 들은 그 자체로 굴욕과 박탈을 초래한다. 통과의례의 관점에서 볼 때 이 절차들은 크게 '옷 벗기-옷 입기'로 구성되는데 그중 완전히 벌거벗는 단계에서 입원자는 가장 강력한 박탈감을 경험한다. 입원자가 동질화, 평준화되고 몰개성한 하나의 대상('엄마')으로 변형되어 시설이라는 의료기계에 실릴 수 있게 되는 것은 이러한 체계적 인격의 훼손과 손상의 절차를 거친 결과다.

　　원칙적으로 타인의 인격에 대한 직접적인 공격은 금지되지만, 현실에서 이 원칙은 무수히 위배되게 마련이다. 특히 출산을 수행하는 산모의 신체에 기능으로서의 역할이 강조될 때, 의사의 지위는 구조에 속하게 되며 제도나 시스템이라는 '실체 없는 실체'가 임산부를 전방위적으로 훼손한다. 제모, 회음부절개, 제왕절개는 모두 광범위한 신체훼손이며, 신체에 대한 적극직 침범일 뿐만 아니라 인격에 대한 침범까지 초래할 수 있다.

　　대학병원은 또 어떠한가? 이곳에서 출산하게 되는 여성들은 사전 동의 없이 들어오는 실습 남학생들의 참관을 반대할 수 없다. 대학병원이 지닌 '교육'이라는 목적 때문에 산모들은 자신의 신체가 한 번도 본 적 없는 타인 앞에 무력하게 노출되게 되는 고통을 감내한다. 목숨을 부지하기 위해 사람다움을 포기해야 하는 역설을 경험하는 것이다. 공포에 떨며 벌거벗고 있는 자신의 신체를 앞에 두고 "와, 배가 왜 이렇게 작냐?"라면서 자신을 타자화하는 인턴 의사를 향해 어떤 항의나 반발도 할 수 없고, 고통스러운 환자의 마음은 아랑곳없이 간호사끼리 농담을 주고받으며 키득거리는 상황, 극한의 불안감을 안고 알지 못하는 남학생들 앞에서 실습 대상이 되어버린 순간의 모멸감을 견뎌야 하는 상황……. 이 모두가 신체와 인격의 훼손, 사람대접의 부재, 불완전한 성원권, 엄마라는 인격체의 표백이다.

이처럼 임신기간 동안 철저한 타자화 과정을 겪은 산모들은 하나같이 소리 높여 절규한다. "임산부에게도 감정이 있다." "나는 모르모트가 아니다." "나도 부끄러움을 느낀다." 등등이다. 투명인간이 된 듯한 느낌, 노바디가 된 느낌은 모두 정확한 것들이다. 그러나 돌아오는 대답은 늘 한결같이 "의료상의 절차다." "뭐가 부끄럽냐?" "실습대상이 되고 싶지 않으면 개인병원으로 가라."는 비난 일색이다.

그런데 실제 상황에서는 좀 다른 이야기가 펼쳐진다. 대학병원에서 출산하는 임산부들은 대개 고위험군 산모일 확률이 높다. 예기치 못한 상황으로 대학병원으로 이송되는 경우가 많기 때문이다. 그런 터에 대학병원에서 출산하는 것을 온전히 임산부 개인의 선택으로 돌리는 것은 무책임한 동시에 실제 출산의 위험성과 예측불가능성을 도외시한 무지한 발상이다.

생각해보자. 난산 등 갑작스러운 응급상황 때문에 혹은 임산부의 특이상황 때문에 다른 의사의 결정으로 대학병원에 이송된 경우 당사자인 임산부는 의료혜택을 자발적으로 선택한 소비자인가, 돌봄의 대상인 환자인가? 혜택을 받으니 모종의 희생을 감내해야 한다는 강요는 정당한가? 임산부가 느껴야 하는 모욕이나 불평등은 의사양성이나 의료기술 전수라는 대의에 짓밟혀도 괜찮다는 이야기의 근거는 대체 무엇인가?

의사들은 대개 임산부를 포용하는 듯한 제스처를 취한다. 하지만 마음속으로는 임산부가 자신과 다른 사람이라고 여긴다. 임산부는 그들에게 병원이라는 장소에서 만나는 환자일 뿐이다. 환자인 임산부가 지닌 개인의 의지와 상관없이 의료진에게는 그저 '실습가능한 섬바디'라는 인식이야말로 이미 의사-환자 관계의 불평등성을 드러내는 것 아닐까? 대개 병원에서 접근을 허용하는 쪽은 늘 임산부인데, 이것은 일종의 낙인자의 의무다. 일시적인 신체의 불균형으로 인해 임시적으로 사회에서 소외되고 배제된다. 사람대접 받는 것을 완전한 사회적 성원권을 획득하는 것으로 이해한다면 여성의 임신, 출산은 분명 어느 기간 동안 개인의 성원권을 박탈해도 좋다는 낙인이 된다. 의료 권력과 폭력은 따라서 결코 구분될 수 없다.

○　　나의 출산을 타인의 손에만 맡길 수 없다

　　출산 예정일을 얼마 앞두고, 그간의 산부인과 진료, 임박해 다가오는 출산의 두려움과 공포로 나는 점점 무너져가고 있었다. 38주차의 모욕적인 내진 이후, 나는 더 이상 그 병원에서 출산할 수 없겠다는 확신을 갖게 되었다. 나를 이렇게 함부로 취급하는 의료진과는 출산처럼 위험한 순간을 함께할 수 없다고 판단했다. 의료진과 나 사이에는 배려에 대한 믿음, 나를 성심껏 도울 것이라는 확신, 최소한의 인간적 대접에 대한 기대…… 그 무엇도 없었다. 그래서 임신 막달에 담당 의사를 바꾸는 모험을 감행하고 말았다.

　　춘천에서 출산하지 않고 서울의 다른 병원으로 가겠다고 춘천 M종합병원의 담당의사에게 이야기했다. 그리고 그간의 진료기록을 달라고 요청했다. 진료기록이 있어야 새로 가게 될 병원에서 불필요한 검사를 다시 하지 않을 수 있고,

그간의 임신 진행상황 및 현재 내 상태를 파악하기에도 좋을 것이므로 지난 기록이 꼭 필요했다. 그런데 내가 병원을 옮긴다고 하자 M병원에서는 나를 놓아주려 하지 않았다.

서류만 받아 나오려던 병원에서 나는 세 시간 이상 붙잡혀 있어야 했다. 그렇게나 무뚝뚝하고 불친절하고 까칠했던 간호사가 갑자기 친절하게 상담을 하자고 요청했다. 살살 웃어가며 무엇 때문에 그러냐고 평소와 달리 내게 시간을 '할애'해주었다. 그러면서 M병원의 장점을 홍보하기 시작했다. M병원 E선생님(내 담당의사)은 춘천에서 회음부절개를 가장 미용적으로 예쁘게 하는 분이며, 꿰매는 손기술이 최고라고 자랑했다. 그래도 내가 망설이는 기색을 보이자 이번에는 의사선생님이 직접 나를 만나겠다고 불렀다. 내가 원하는 것은 서류일 뿐이었는데, 그들은 쉽사리 서류를 주려고 하지 않았다. E의사는 나에게 최대한 원하는 조건을 이야기해보라며, 자신이 내가 제시한 조건을 맞춰주겠다고 했다.

나는 그간 병원진료에서 느꼈던 불쾌함을 한마디로 설명할 수가 없었다. 그렇다고 "당신의 병원이 비인간적이고 불친절해서다."라고 단도직입적으로 이야기할 수도 없는 노릇이었기에 둘러대던 끝에 "가급적 가장 자연스러운 방식으로 애를 낳고 싶다."고 했다. 그러고는 "위험할 수 있는 순간 의지할 수 있는 의료진이 절실하다."고 덧붙였다. 나의 진심이었다. 하지만 의사는 이렇게 대답했다. "회음부절개를 하지 않으면 여기저기 다 지저분하게 터져서 안 돼요! 자연주의 출산 고집하다가 애 머리가 끼어서 뇌에 문제가 생길 수도 있어요!" 경고인지 악담인지 모를 대답이었다. 그럼에도 내가 생각은 해보겠다, 하지만 일단 서류를 달라, 고 하자 의사는 마지막에 내게 이렇게 퍼부었다. "막판에 병원 옮겨서 애 잘 낳는 경우를 본 적이 없다!"

○   막달에 옮긴 병원

　　그간 내가 공부한 바에 따르면 한국에서 지배적 방식이며 대부분의 병원 출산에서 천편일률적으로 시행되는 출산 방식이 꼭 출산의 정답이거나 혹은 최선의 방식은 아니었다. 한국의 의료는 미국 의료를 모델로 했을 뿐, 유럽이나 일본의 출산 관행과는 매우 다른 모습을 띠고 있다. 출산은 의료만으로 결정되지 않는 자본의 논리, 출산에 대한 철학, 사고방식 등이 종합적으로 어우러져 결정된다. 한마디로 출산은 '문화'에 가까운 것이다. 따라서 옳고 그름을 정의할 수 없고 정해진 답이 있는 것도 아니지만 어떤 경우든 산모와 아기의 생명을 존중해야 한다는 데엔 이견이 있을 리 없다. 그런데 조사를 거듭하는 과정에서 나는 한국의 의료가 생명을 존중하는 쪽보다는 효율이나 비용 문제에 영향을 더 받는 쪽으로 가고 있다는 생각을 지울 수가 없었다. 결국 병원에서 정해준 출산 방식에 억지로 나 자신을 끼워 맞출 필요가 없다고 마음먹게 되었다. 일단, 인위적인 의료 처치를 최소화하며 가급적 내가 주체성을 발휘할 수 있는 출산 방식을 찾아보았다. 드물지만 한국에는 아직 조산원이 남아 있었고, 자연주의 출산을 하는 병원이 강남에도 몇 있었다. 나는 곧장 조산원과 자연주의 출산 병원을 찾아갔다.

　서울 강남에 위치한 자연주의 출산 병원 담당의사에게 나의 사정을 알렸다. 원래 임신 후기에는 병원을 잘 옮기지 않는 데다가 이렇게 출산 예정일을 코앞에 둔 산모를 맞이하는 게 병원 입장에서는 매우 부담스러울 거라는 우려와 달리 그곳 원장님은 편안한 미소로 나를 맞아주셨다. 진료 때마다 받은 누적된 나의 상처, 굴욕적인 출산을 하고 싶지 않다는 나의 소망 등을 다 들으시더니 나의 감정이 매우 정확한 것이라고 대답해주셨다. 분만대에 누워서 하는 출산이 사실 자연스러운 방식도 아니고 안전한 방식도 아니라는 점을 알려주셨다.

자연주의 출산을 하려면 4회에 걸쳐 교육을 받아야 했다. 나는 시간이 촉박해서 몰아서 수업을 들었다. 수업은 편안한 분위기에서 전문적으로, 그리고 산모의 감정을 배려해서 진행되었다. 나는 이곳이 바로 내가 출산하기를 원하는 장소라고 생각했다. 그렇게 진통이 오기를 하루하루 기다렸다. 초산은 원래 예정일보다 늦다고 했는데 예정일이 일주일 정도 지나고 나니, 주변에서 묻는 사람이 많아졌다. 다들 별 뜻 없이 "예정일이 언제야?" "낳았어?" 하고 말이다. 그런데 그런 사소하고 별것 아닌 것처럼 보이는 질문들이 내게는 심한 스트레스로 다가왔다. '아기가 정말 나오기는 하는 걸까……' 하는 초조함이 엄습했다.

○ 진통이 시작되다

임신 41주차, 드디어 진통이 시작됐다. 나는 계속 마음속으로 조산원과 강남 소재 병원 두 곳을 출산 장소로 염두에 두고 고민하고 있었다. 선뜻 강남에 있는 병원으로 결정하지 못한 데엔 비용 문제가 가장 컸다. 일반 병원에서 분만하면 삼십만 원 내외밖에 비용이 들지 않고 호화롭게 일주일 머문다 해도 백만 원 남짓 드는 반면 자연주의 출산은 기본 삼백만 원 정도의 비용이 들었으니 아무래도 고민이 될 수밖에 없었다(둘라비용까지 하면, 실제 병원 비용은 삼백오십만 원 넘게 들었다. 추후, 후속 병원 진료 및 치료를 합치면 훨씬 더 든다). 남편은 의료적 개입이 없이 산모가 주체가 되어 낳고 병원은 별로 해주는 것도 없는데 왜 비용은 제일 많이 드는 거냐며 자연주의 출산을 못마땅해 했고, 주변 사람들 역시 자연주의 출산에 대한 정보가 아예 없었기에 나를 마이너한 출산 방법을 택한 특이한 산모로 여겼다.

진통이 오자 일단 안양으로 향했다. 출산 가방은 미리 싸두었기에 짐 가방을 들고 한밤중 양구에서 서울로 운전해서 갔다. 남편도 상당히 긴장한 것 같았다. 수요일 저녁이었다. 조산사님께 출발했다고 연락하니, 앱어플로 진통 간격을 측정해서 알려달란다. 그러고는 가진통이니 조산원에 바로 오지 말고 시댁에서 진통을 더 하다가 오라고 했다. 나는 조언에 따라 시댁에 먼저 갔다가 조산원으로 갔다. 그런데 자궁문이 잘 열리지 않았다. 그래서 다시 시댁으로 갔다.

그렇게 조산원과 시댁을 오가던 중 다시 조산원으로 간 목요일 밤, 나는 덩그러니 홀로 남아 진통을 감당해야 했다. 너무나 아파서 옆방에서 자고 있던 조산사님을 깨울 수밖에 없었는데, 돌아오는 대답은 한 시간마다 계속 진료해줄 수는 없다는 이야기였다. 나는 조산사님이 나와 함께 고통을 이겨내며 안내해주는 줄 알았는데, 생각과 달랐다. 금요일 새벽으로 향하는 시간, 양수가 흘렀고, 그럼에도 자궁문은 많이 열리지 않은 상태였다. 조산사님은 내게 조짐이 좋지 않으니, 다른 병원으로 가서 병원 출산을 할 것을 제안했다. 황당했지만, 남편과 나는 무엇보다 아기와 나의 안전이 중요하다고 판단했기에 두말 않고 비용을 치르고 나와 강남의 정원장님에게 갔다.

금요일 새벽, 병원에 도착했다. 진통 3일차였다. 잠을 한숨도 못 자서 나는 좀비가 되어 있었고, 너무 아파서 말도 나오지 않았다. 병원에서는 왜 이 지경이 될 때까지 병원에 오지 않았냐고 물었지만 조산원에 있다 왔다는 이야기는 굳이 하지 않았다. 나는 곧바로 둘라 선생님(doula는 임산부에게 조언을 해주는 출산 경험이 있는 여자를 말한다)을 불러달라고 요청했다.

○   선생님, 저 좀 살려주세요!

둘라 선생님이 오시고 나서야 나는 내 고통을 돌봐주고 옆에서 힘을 북돋아줄 존재를 만났다. 왜 진작 바로 이 병원으로 오지 않았을까 후회가 되었다. 돈 아낄 생각하지 말걸, 내 몸이 이 지경이 되는데, 돈 얼마 더 쓰는 게 뭐 대수라고! 둘라 선생님과 함께 끙끙댄 지 두 시간이나 지났을까. 진통의 간격이 점차 좁아졌고 고통은 말로 할 수 없을 정도로 증폭되었다.

처음 느껴보는 고통, 처음 느껴보는 공포였다. '정말 아기가 나오기는 하는 걸까?' '내가 이 방을 무사히 나갈 수 있을까?' 하는 생각만 들었다. 입에서 욕이 튀어나올 지경이었다. "황홀한 출산은…… 왜 이렇게 아픈 건가요? 누가 출산이 황홀할 수도 있다고 했나요?" 그러자 의사가 희미하게 웃으며 "어떻게 하나도 안 아프고 애가 나오겠어요."라고 반문했다.

나는 일어설 수도 앉을 수도 그렇다고 움직일 수도 없는 통증 때문에 자연주의 출산이고 뭐고 일단 나부터 살고 봐야겠다는 생각밖에 할 수 없었다. 그래서 무통주사를 놔달라고 애원하기 시작했다. 의료진은 좀 더 기다려보자고 이야기했다. 나는 "그럼 제왕절개라도 해달라."고 매달렸다. "선생님, 저 이 방에서 정말 나갈 수 있을까요?" 내게는 그 방에서 진통하는 시간이 영원일 것처럼 여겨졌다. 진통만 계속될 뿐 정작 아기가 태어나는 출산의 순간은 영원히 오지 않을 것 같았다. 오로지 혼자 감당해야 하는 현실에 아픈 와중에도 나는 참 고독했다.

그러던 차, 진통이 1분 간격으로 줄어들었다. 나는 온몸에서 피를 쏟고, 양수를 한 번 더 쏟고(양수가 완전히 터진 상태가 아니었다), 땀을 쏟고…… 몸에서 온갖 것들을 내보내며 몸부림쳤다. 정말이지 처음으로 겪는 가장 동물적인 순간이었다. 아기가 나오는 고통을 누군가는 기차가 배 위를 지나가는 것에 비유하거나 엉덩이로 수박을 내보내는 것에 비유하던데, 그 느낌은 실제로 변의에 가장 가까웠다. "선생님, 똥이 나와요, 똥이 나와요."를 몇 번이나 외쳤는데, 그 사이 조산사 선생님이 나를 보시더니 응급 콜을 하셨고, 곧 애가 나온다고 하셨다. 나보고 이렇게 서 있다가 애를 낳으면 안 되니 빨리 누우라고 하셨다. 그 사이에 후다닥 의료진들이 들어왔다. 출산이 임박했던 것이다. "아기 머리가 보여요. 몇 번 더 힘을 주면 아기가 나올 거예요." 하는 말에 나는 오로지 힘을 주는 데만 집중했다. 그리고 아기가 나왔다. 그 순간 나는 거의 온 힘을 소진한 뒤였고, 감동을 느끼기에는 너무 지쳐 있었다. 그래도 아기에게 감사했다. 내 가슴에 놓인 아가에게 몇 번이나 되풀이해 말했다. "고맙다, 아가야. 고맙다, 아가야."

이틀 뒤, 꿈같은 시간을 뒤로하고 나는 산후조리를 하러 시댁으로 갔다. 새 생명이 가져온 그 화사하고 눈부신 행복. 작은 아이가 존재하는 집의 공기는 화사함 그 자체였다. 차린 것 없는 식탁도 아기가 있는 집이라는 신비와 풍요함으로 가득했고, 가족 모두 웃음을 머금었다. 한데 참 이상하게도 그 행복의 중심에 나는 없었다. 나는 거의 일주일째 잠을 못 자서 좀비 같은 상태였다. 부서진 몸으로 가까스로 회복하겠다고 앉은 식탁, 즐거워서 어쩔 줄 모르며 치킨을 먹는 남편과 시댁식구를 보니, 알 수 없는 울화가 치밀었다. "뭐가 그렇게 좋아요?"라고 나도 모르게 내뱉었다. 덕분에 찬물을 끼얹은 듯 분위기가 냉랭해졌다. 행복한 웃음 대신 비집고 들어온 어색함. 다들 불편한 기색으로 식사가 끝날 때까지 아무도 입을 열지 않았다. 하지만 내게는 그 편이 더 나았다.

출신만 하면 끝인 줄 알았는데 웬걸, 대환장의 날들이 기다리고 있었다. 출산 때는 너무 아파서, 출산만 끝나면 살 것 같으리라고 생각했다. 아기가 나오고 나서야 그 생각이 얼마나 사치스런 것이었는지 절감했다. 일단 잠이 부족했다. 아기는 2시간에 한 번씩 젖을 먹어야 했다. 먹고 달래고 기저귀 갈아주고…… 이 사이클을 무한반복 하다 보니 차려주는 밥

한번 제대로 먹을 수가 없었다. 신생아를 돌볼 때 나의 유일한 낙은 친정엄마가 아기를 봐줄 때 잠들기 직전 하는 뜨거운 샤워였다. 그나마 뜨거운 물로 샤워를 하는 동안만큼은 피로가 씻겨 내려가는 것 같았다. 그러나 그 시간이 기다려졌던 진짜 이유는 오직 그 순간 외에는 나만을 위한 짬을 낼 수 없다는 데 있었다.

나는 아기를 돌보느라 허리가 아파도 집 앞 한의원에 갈 수가 없었다. 진통을 3일 넘게 하느라 이미 출산 전에 밤새 잠을 못 잤던 터였다. 그런데, 아기를 낳은 날부터도 밤에 아기를 돌보느라 계속 깨어 있는 생활을 했더니 체력은 고갈되었고, 장기간의 수면 부족으로 뾰족하게 날이 선 고슴도치가 되었다. 예민하고 까칠해져서 주변에 있는 사람들을 다 가시로 찔러버릴 기세였다. 거기다 신생아가 먹을 수 있는 분량에 비해 젖이 넘치다 보니, 조금만 방심해도 젖이 불어 가슴이 너무 아팠다. 진통 중에는 이것만 끝나면 살겠지 했는데, 막상 젖몸살이 오니 이건 진통보다 더 아픈 것 같았다.

몸도 마음도 내 것 같지 않았다. 뭐라도 하지 않으면 '나'라는 존재가 사라질 것 같았다. 그래서 꾸역꾸역 몸을 일으켜 일기를 적기 시작했다.

○　산후조리원을 없애라고?

　　나는 출산을 하면서 임신과 출산, 모유수유에 관련된 일에 종사하는 여러 직업군의 사람들을 만났고 경험했다. 의사, 간호사, 가슴 마사지사, 모유수유 전문가, 조산사 등이다. 그런데 그들은 하나같이 여성의 건강과 관련된 일을 하면서도 여성 혐오에서 결코 자유롭지 않았다.

　　먼저, 병원의 의사와 간호사는 내게 내진의 고통과 수치심을 견디라고만 외쳤다. 자연주의 출산에 대한 남다른 철학을 갖고 있는 조산원 원장은 진통의 혹독함을 호소하는 내게 "어미가 그것도 못 견디냐?"며 혀를 찼다. 결국, "이 어미도 무통 원하는 요즘의 참을성 없는 어미하고 똑같구먼." 하면서 한심해했다. 출산의 고통을 똑같이 경험했으면서도 후배들의 고통에 공감하는 것이 아니라 "나도 겪었으니 너도 할 수 있다."라는 식의 매정한 태도를 보였다. 출산 직후 실신하듯 잠에 빠져들던 나에게 "엄마, 애기는 지금 더 힘들어요."라면서 모유수유를 하라고 닦달했다. 모유수유에 어려움을 겪고 단유를 고민하는 내게 모유수유 전문가는 "하여튼 분유가 없어져야 돼. 옛날 엄마들은 방법이 없으니까 어떻게든 다 먹였는데!"라고 말했다. 아마 그이가 진짜 하고 싶었던 말은 "요즘 것들은 지 생각만 하고 맘대로 단유를 하는군."이라는 이야기였을 것이다. 누군가는 출산의 고통은 성경에도 쓰여 있을 만큼 여성이라면 당연히 겪어야 할 고통이니까 '자연스럽게' 겪는 게 순리라고 주장했다. 그런 이유로 제왕절개나 무통분만을 허락하지 않는 경우도 있다고 했다. 일부는 '태어난 아기는 엄마를 강력히 필요로 한다.'며 산후조리원이 없어져야 한다고 주장하기도 한다.

나는 이 모든 이야기가 결국 '엄마라면 참아야 한다.'라는 명제의 다양한 버전이라고 본다. 표현만 다른 엄마 혐오의 변종들이고, 이 모든 언사의 초점은 '아기'다. 그 아무리 좋아 보이는 철학과 출산 방법도 엄마보다는 '아기'에 초점을 맞추고 있다. '비폭력'도 '자연주의'도 아기를 위한 것일 뿐이다. 미셸 오당의 유명한 저서 『평화로운 탄생』의 한계는 산모를 위한 '평화'를 일순위에 놓지 않았다는 점이다. 아기에게 자연스럽고 비폭력적인 것이 결국에는 엄마에게도 좋다는 생각일 뿐, 출산 시 엄마의 인격에 대한 논의는 부족하다. 임신과 출산에 관련된 직종에 근무하는 이들 역시 자신이 하는 발언들이 여성을 폄훼하고, 여성을 수단화하는 이야기임을 인식하지 못한다.

산후조리원이 없을 경우, 의지할 엄마도 기댈 시댁도 없는 여성, 그러니까 사회적 자원이 없는 여성은 출산 시 누구의 도움을 받아야 하나? 출산 이후 지속적으로 쏟아지는 피와 분비물이 묻은 옷을 세탁해줄 사람은 누구일까? 뼈와 관절이 약해진 산모를 대신해 잠깐이라도 아기를 먹이고 씻기고 돌봐줄 사람이 없는 산모는 어떻게 해야 하나? 산모가 먹을 음식을 요리해주고 청소와 세탁을 맡아줄 사람은 누구일까? 결국 절대적으로 타인의 도움과 돌봄이 필요한 산모와 아기는 산후조리원에 가지 않으면 친정어머니나 시어머니에게 의지할 수밖에 없는 구조 아닌가?

산후조리원에 가지 않아야 한다는 말의 근거에는 결국 집안의 나이든 엄마들의 노동에 당연히 의지해야 한다는 전제가 들어가 있다. 엄마가 없는 여성이라면, 시댁과의 관계가 어려운 산모들이라면 이 난국을 어떻게 헤쳐 나갈 것인가? 너무나 잔인한 처사 아닐까? 안 그래도 엄마들의 보이지 않는 가사노동을 당연시해왔던 가부장제 사회에서 새로운 가족 탄생의 뒷바라지까지 '엄마들'이 하는 게 당연하다고 여기는 부당한 처사다. 아파트 생활이 주거방식의 대세인 요즘 핵가족은 예전처럼 가정 내의 일에 주변인의 도움을 기대할 수 없다. 결국 아기를 낳은 산모는 산후조리원에 가거나 '가족인 선배 엄마'들의 도움에 기댈 수밖에 없는 상황이다. 사회 전반에 걸친 각성이나 구성원들의 의식 개선이 없다면 아마도

'(상대적으로 젊은) 여성이 (상대적으로 나이든) 여성을 착취하는' 이 구조는 영원히 사라지지 않을 것이다.

○　　산모를 애도하라

왜 출산을 막 마친 여성을 애도하는 책은 없는가? 의료 사고로 출산 과정에서 안타깝게 사망하거나 치명적 장애를 입게 된 사례는 왜 대중적인 책에서 찾아보기 힘든가? 산모를 배려하고, 산모를 최우선 순위로 두는 산모를 위한 비폭력 출산 방식에 관한 논의는 왜 없을까? 의사 위주의 출산 관행을 비판적으로 성찰하는 산부인과 의사의 목소리는 왜 없을까? 재미와 정보가 넘쳐나는 유튜버 산부인과 의사조차 여성의 건강을 위한 의학 지식보다 '성' 관련 토크에 집중하는 이유는 무엇일까? 산부인과 의사는 왜 '성'을 다룰 때 여성의 성과 임신, 그에 따른 낙태로 인한 여성의 현실적 고통보다 남성 편에서 삽입의 즐거움을 위한 테크닉, 만족스러운 섹스 혹은 말초성 가십거리 등을 더 많이 다루는가? 왜 우리 사회는 성생활로 인한 여성의 고통보다 성생활로 인한 남성의 행복에 더 초점을 맞출까?

나는 임신과 출산을 경험한 후 전사(戰士)가 되었다.

'여성인 나'에게 눈을 떴고, '여자인 나'에 대한 인식이 새로워졌다. 그리고 이제는 임신과 출산에 있어서만큼은 임산부와 산모를 최선으로 섬세하게 배려하는 사회가 가장 인간적인 사회라는 것을 추호도 의심하지 않는다. 그러나 현실은 여전하다. 온통 엄마를 채찍질하는 소리뿐이다. 건강한 출산을 한 여성은 신생아를 돌볼 여력이 충분하다는 이유로 돌봄의 의무를 강요받는다. 엄마도 아프지만 엄마보다 10배 더 아파서 나온 아기를 타인의 손에 맡긴다는 건 폭력이라고 말한다. 열 달 동안 엄마 뱃속에 있다가 갑자기 밖으로 나와 엄마랑 헤어져야 하는 건 말도 안 된다고 목청을 높인다. 물론 아기에겐 엄마와의 애착관계를 형성할 시간이 필요하다. 나도 동의한다. 하지만 임신한 그 순간부터 엄마는 이미 아기에게 많은 것을 내어주었다. 온 시간을 다해 아기를 품었고, 모든 일의 우선순위는 아기였다.

　　출산 후의 산모는 어떤가? 출산 전부터 잠이 부족한 데다 출산 과정에서 모든 에너지를 소진한 상태다. 온몸의 뼈가 다 벌어짐으로써 산모의 몸은 단시간에 엄청난 충격을 받은 셈이다. 몸도 정신도 쇠잔하다. 더는 예전의 그 사람이 아니다. 그런 상태에서 2시간에 한 번씩 깨서 밥을 달라고 우는 아기를 돌봐야 하고, 기저귀를 갈아야 한다는 것은 산모가 여전히 잠이 부족한 상태에 놓여야 한다는 뜻이다. 이는 다시 말해, 새 생명이 이 세상의 빛을 보는 경이로움은 한 엄마의 죽음을 담보로 한다는 뜻이 아닐까?

산모는 죽음과 가장 근접해 있는 어떤 세계에 다녀온 자들이다. 나는 출산을 마친 산모가 결코 아기로 인한 기쁨이나 설렘만으로 행복할 거라고 믿지 않는다. 출산을 마친 산모의 마음은 복잡하다. 몸도 복잡하다. 임무를 가까스로 마친 데 대한 안도감, 허무, 남아 있는 통증, 훼손당한 신체와 상처 입은 영혼, 바빠서 미처 충분히 돌보지 못한 내면의 우울, 혼란, 누적된 피로, 새로운 정체성, 앞으로 걸어갈 미지의 세계…… 등 출산 직후의 산모는 세상에서 가장 복잡한 존재일 수밖에 없다. 그런 산모에게 "너는 문제없이 애를 낳았으니 충분히 혼자 돌볼 수 있다."라고 주장하는 것은 결국 "엄마는 강해야 한다."는 허구뿐인 모성신화를 강화할 뿐이다.

출산을 마친 여성에게 무신경하고 가혹한 사회는 그 자체로 '악'이다. 한나 아렌트 식으로 말하자면 '무지하고 무성의해서 발생하는 폭력'일 따름이다. 아이가 예쁘고 사랑스러운 것과 별개로 그로 인해 한 여성이 엄마가 되는 과정에서 겪어야 하는 타자에 의한 슬픔, 우울함, 당혹스러움은 반드시 분리되어 고려하고 연구해야 한다.

나의
출산 후 일기

○   아기가 중심이 된 일상

일요일 오후, 나는 산발이 된 머리를 하고 흘러내리는 안경을 걸치고 이른 저녁밥을 꾸역꾸역 먹었다. 지난주에는 무려 5일 동안 머리를 감지 못했고, 이번 주는 3일째다. 주변에서는 아니, 그래도 그렇지 왜 머리를 안 감아? 하고 놀란다.

그런데, 나는 항상 머리감기가 후순위로 밀린다. 이것부터 하고, 라는 식으로 밀리고, 저녁 늦게는 내일 아침에 꼭 머리를 감아야지 하고 잠든다. 하지만 막상 아침이 되면 창문 열어 집 안 환기하기, 공갈젖꼭지 씻기, 젖병 씻기, 기저귀 갈기, 배고프다고 우는 아이 분유 타기 등에 집중하느라 시간이 훌쩍 가버린 것을 모르기 일쑤다.

오후가 되면, 조금이라도 책을 읽거나 글을 쓰겠다고 부엌 식탁에 앉아, 접시를 치운 뒤 노트북을 가져와서 앉는다. 나를 잊어가는 과정 속에서 이 끈이라도 놓치면 나는 이 세상에 투명인간이 될 것만 같아서, 큰 희망이나 되는 듯 꾸역꾸역 뭐라도 읽고, 뭐라도 끼적이고 뭐라도 산다.

그러다 남편 퇴근을 기다려 저녁밥을 차린다. 주섬주섬 냉동새우, 냉동만두, 냉동제육볶음 같은 것을 꺼내 해동시키고, 순식간에 만들 수 있는 인스턴트 일본식 미소된장국을 끓인다. 간단하게 한다고 해도, 재료를 꺼내고, 담을 접시를 꺼낸다고 허리를 숙였다 폈다 물에 씻었다 도마에 썰었다 부산하게 움직여야 한다. 장을 봐서, 채소와 과일을 다듬어 물에 씻고, 일정 모양으로 자르고 끓이고 볶고 접시에 담는 일은 매일 저녁 반복된다.

○ 　출산 뒤 찾아오는 낯선 감정들

　　친정에서 신생아를 돌보던 어느 날 저녁 나는 거실에 난 큰 창문이 무서워서, 그 창문이 생과 사를 가르는 아주 사소한 벽이라는 생각을 하고 있는 내 자신이 두려워서 공포에 떨고 있었다. 지금 내 생각이 정상은 아니지, 이건 아니야 하는 자기검열을 하면서도 난 계속 창문을 흘깃거렸다. 저 창문만 넘으면 거긴 이 세상에 속한 곳이 아니구나, 하고 반복되는 생각. 아파트 7층에서 내려다본 저 아래 바닥은 심장을 저밀만큼 아찔한 거리였다. 하지만, 그 아찔한 거리가 이상하게 나와 아주 가깝게 있다고도 느꼈다. 당시 내 눈에는 저 아래 바닥의 높낮이가 현실성이 없어 보였다. 그러면서 아주 오래 전에 본 영화의 마지막 장면이 떠올랐다. 〈돼지가 우물에 빠진 날〉의 보경은 태연하게 거실 소파에서 신문을 읽다가 마치 별거 아닌 양 창가로 다가선다. 그리고 아무렇지 않게 뛰어내린다.

　너무나 무서운 생각을 하고 있는 나 자신이 무서워서, 나는 거실에조차 나가지 못했다. 그리고 빨리 1층인 집으로 가야 한다고 되뇌었다. 거실, 그리고 창문이 없는 곳이라야 안심할 것 같았다. 같은 영화 속 장면이 스친다. 등산하는 사람들 무리 중 산봉우리에 선 한 남자가 이렇게 되뇐다. "나는 산을 타는 사람들이 이해가 안 돼. 한 발자국만 더 내딛으면 바로 죽음인데, 어떻게 아무렇지 않게 등산을 하지?" 일상 속에 아무렇지 않게 들어와 있는 죽음. 이토록 작고 보드랍고 달콤한 숨을 내쉬는 이렇게 소중한 생명을 낳은 내게 왜 이렇게 어두운 허무의 그림자가 드리워지는 걸까.

　임신을 하고 나는 자주 울었다. 호르몬 변화 때문이라는데, 나는 입에 넣은 사과가 달콤해서, 내 눈앞에 앙상하게 마른 나무가 있어서, 그냥 내 앞에 의자가 있어서, 내가 숨을 쉬고 있다는 사실이 갑자기 낯설어서 등등 온갖 말도 안 되고 논리도 없는 이유로 서글퍼하고, 좌절하고, 절망했다. 서러웠다. 아마도 내가 유독 겨울이란 계절을 힘겨워 해서 그랬을 수도 있다. 내게 일어난 거대한 사건인 '임신'은 나의 일상을 마구 흔들었다. 하지만, 나의 황폐해가는 내면과 뒤죽박죽 혼란스럽고 변덕이 죽 끓듯 하며 감정의 기복이 오락가락하는 것은 겉으로 잘 드러나지 않았다. 나는 그저 계속 울었을 뿐이다. 나에게 누가 남편이란 어떤 의미냐고 묻는다면, 나는 내가 우는 걸 가장 가까이서 가장 많이 지켜본 사람이라고 대답할 것 같다. 혹은 미친 것 같은 내 모습을 가장 가까이서 가장 많이 겪은 사람, 내 약점을 가장 많이 알고 있는 사람일 것이다.

○ 집 안에 갇힌 날들

하루 종일 아가를 돌보며 밤 12시나 되어야 오는 남편을 기다리며 오늘도 내일도 집 안에서만 있으며 사회와 단절되었다고 느끼며 그리고 때로는 이유를 알 수 없는 막막함과 광기 같은 것에 휩쓸려 나는 알 수 없는 곳으로 떠내려갔다.

모든 것을 결혼 전으로 되돌리고 싶은데, 정말 아무것도 되돌릴 수 있는 게 없어서 나는 정말로 돌아버릴 것만 같았고, 절망했지만 겉으로는 평화로워 보이는 나였기에 남편은 내 절망의 크기와 깊이를 이해하지 못했다.

나는 그때 주기적으로 만나고 연락하는 사람이 남편이 전부였기에 남편이 나를 이해하지 못하면 세상 전부가 나를 이해하지 못하는 거라는 억지도 부렸다. 남편은 그냥 내가 너의 인생을 망쳐서 미안하다고 읊조렸다. 그 어느 때보다 나는 도움이 절실했다. "왜, 나는 이런 함정에 빠진 거냐고!" 울부짖으며 울었다. "나는 결혼이 무엇인지, 아기가 무엇인지 몰랐다."고 소리쳤다. 그러다 문득 더 이상 어리광만 부릴 수 없다는 걸 깨달았다. 하지만, 결혼 전의 삶이 인생의 링 위에 오르지 않은 것과 같다면 나는 지금 인생의 링 위에 올라와버렸다고 생각한다. 싸우고 싶지 않다고, 무섭다고, 난 이런 것을 원한 게 아니라고 주저앉아 봐야 날아오는 것은 마구잡이 주먹질이다. 생각할 이유 없이 인생과 정면승부를 해야 한다. 정신 단단히 챙겨야 하는 전쟁이다.

○ 자식들 위해 기도하던 할머니

예전 정화수를 떠놓고 밤하늘에 두 손을 빌며 기도하시던 할머니가 떠오른다. 할머니⋯⋯는 무엇을 마음에 담아 기도하셨는지 물어보고 싶은 오늘이다.

두상풍이란 증세로 매일 매 순간 미세하게 머리가 흔들리는 나의 엄마가 떠오른다. 예전에 한의원 선생님께 여쭤봤었다. 두상풍이 왜 생기는지. 선생님은 "마음고생을 많이 하셨나 보네. 고치는 데 오래 걸려." 하고 대답하셨다. 자식 걱정에 지금도 머리를 떨고 계실 나의 엄마가 떠오른다.

엄마들은 기도하게 만들어진 존재 같다. 종교가 있든 없든 관계없이 기도하는 마음을 갖게 된다. 나는 이제 삼신할 매든 하느님이든 부처님이든 내 아이를 지켜줄 존재가 있다면 그 어떤 존재든 의지하고 싶다. 그러지 않고서는 살 수 없게 되었다.

○ 서글퍼진 나의 몸

엄마라는 자리는 시장터 아무나 불쑥 들어오는 길가에 위치한 집과 같아지는 게 아닐까. 여자의 몸은 임신을 해서 어미가 된 순간 공공재로 전락한다. 자격도 없고, 권리도 없고, 아무 상관도 없는 이들이 한마디씩 보태고, 서열 저 아래 구석에 가 있으라고 몰아세운다. 가슴은 젖이 되고, 배는 누구나 찔러보고 만져봐도 되는 배가 된다. 털로 가려진 은밀한 성기는 박박 밀어진 채, 무엇하나 감출 수 있는 훤한 조명 밑에 누구나 봐도 될 산도가 된다.

○ 남편 퇴근만 기다린다

남편은 오전 7시 20분경 출근했다. 나는 잠들어 있었다. 7개월 아기도 같은 방 옆 침대에서 자고 있었다. 대략 오전 9시경에 비슷하게 일어난다. 아기는 일어나자마자 현미로 쑨 미음에 고기토핑을 올려 먹고 과일을 먹고 간식을 먹고 분유를 마지막으로 배를 든든히 채운 뒤 보행기에서 놀기 시작한다. 나는 아기에게 눈길을 두며 아침밥을 챙겨먹고, 그날 사야 할 책을 주문하고, 글을 쓰고, 책을 읽는다. 점심 직전 아기는 낮잠을 두어 시간 자고, 오후에는 일어나 다시 야채를 토핑으로 올린 쌀미음을 먹고 과일을 먹고 간식을 먹고 분유를 먹고 논다. 사이사이 나는 청소기를 돌리고, 세탁기와 건조기를 돌리고, 설거지를 하고 점심을 먹는다. 저녁시간이 되면 아기는 먹기, 놀기, 자기의 사이클을 완수한 뒤 조금 칭얼대기도 한다. 같이 놀아달라는 뜻인가 싶지만 저녁 즈음 나의 체력은 거의 바닥난다. 칭얼대는 아기에게 무얼 더 해줄 여력이 없어서 TV를 처음으로 켜서 그냥 보게 한다. 신기한지 TV화면 가까이 가서 쳐다보고 화면도 만져본다.

저녁 7시 즈음, 출근한 지 꼬박 12시간 만에 남편이 돌아온다. 남편은 밤 9시 전에는 퇴근한다고 했다. 그리고 시간은 더디 흘러 8시 30분이 된다. 이미 나는 7시 30분부터 체력과 마음의 한계를 느끼고 있던 터였다. 하루 종일 밖에서 고생한 남편을 배려해줄 인내심과 여유가 없다. 나는 남편이 현관문을 열고 들어오는 소리에 미동도 하지 않고, 입을 꾹 다물고 안방 침대에 걸터앉아 있다. 남편은 그저 미안하고 안쓰러운 얼굴로 어떻게든 나를 위로할 요량으로 비굴한 웃음을 띠며 들어온다. 역시나 내 기분이 별로인 것을 눈치챈 남편이 나를 위로하며, 제일 먼저 손에 든 상자를 건넨다. 오후에 받은 교사연수에서 나눠준 간식상자를 손도 대지 않고 가져온 것이다. 상자를 열자 미니 샌드위치 반쪽과 모둠과일 샐러드 컵, 포도쥬스 하나, 모둠과자 세트가 아기자기하게 담겨 있다. 반쪽이지만 딸기가 있다는 게 눈에 들어왔고, 늦은 시간이었지만 과일은 먹을 만하다는 생각이 스쳤다. 웃음이 나와야 하는데, 나는 그만 울고 말았다.

매일 저녁 결국 울고야 마는 나를 남편은 매일 달랜다. "아기 보느라, 힘들었지. 당신 주려고 하나도 안 먹고 가져왔어." 나는 퇴근이 늦는 남편을 애타게 기다리며, 남편을 가정으로 보내주지 않는 한국의 이 미치게 바쁜 사회에 이를 갈며 분노하고 있었다. 평범한 직장인이 가정에 돌아가서 가족과 함께 저녁을 먹어야 하는 시간마저 빼앗아가는 사회. 이게 정상인가? 이게 정상인 사회인가? 하는 생각을 수도 없이 했다.

○　　아빠들은 여전히 바쁘다

〈나는 자연인이다〉 같은 프로그램을 보면 한 가정의 가장이 지난날을 회상하는 장면이 자주 나온다. 그때 주로 남편들은 아내가 자식을 둘이나 출산할 때 회사일이 바빠서 곁에 있어주지 못했다며 미안했다고 우는 장면, 자녀들이 어릴 때 시간을 함께해주지 못했던 점을 안타까워하곤 한다. 현재 소득수준이 높아지고 생산성이 향상됐으며 많은 것이 자동화, 무인화됐음에도 여전히 직장인들은 시간 부족에 허덕인다. 오늘날의 아빠들 역시 업무의 연장으로 조직생활이니 단체생활이라는 이유로 집에 일찍 귀가하기 힘들다. 귀가해도 하루 종일 너무 일에 에너지를 소모한 탓에 자녀와 심적으로, 체력적으로 여유 있게 함께 놀지 못한다. 아빠들이 자녀와 함께 시간을 보내기 어려운 사정 또한 예전에 비해 크게 달라진 것 같지 않다.

○　　출산 이후, 세계가 변한다

며칠째 나를 괴롭히고 있는 감정은 모욕당했다는 느낌임을 오늘 아침에서야 어렴풋이 깨달았다. 그렇다. 이것은 모욕인 것이다. 내 인생에 개입할 권리가 없는 이들이, 권력으로 내 삶을 재단하고, 평가하고, 흔들어도 일말의 어떤 미안함도 죄책감도 느끼지 않는다는 것에 대한 분노. 무기력한 자신에 대한 자괴감과 허무, 그리고 분노로 인한 모욕. 모욕은 익숙하다. 그렇게 모욕을 견디며 살아온 것이다. 이 모욕에 끝이 있을까?

○   알수록 슬프다

오늘 반신욕을 하다가 유튜브로 '출산' 키워드를 검색했다. 임신 40주가 넘어가는 중국의 한 여성이 가족들이 제왕절개 수술에 동의해주지 않아 수술이 불가능해지자 진통의 고통을 어찌지 못하고 5층 건물에서 투신자살했다는 뉴스, 얼마 전 한국에서 제왕절개 수술 중의 산모가 전신마취 과정에서 마취전문의가 아닌 산부인과 원장의 '실수'로 마취에 실패하여 산모는 산소부족으로 식물인간이 된 사연, '작게'는 제왕절개 수술 시 '실수'로 태아의 이마에 칼자국이 남거나 손가락이 절단되는 사고 뉴스 등을 연달아 보게 되었다.

나는 목욕을 끝내고 나와 거실바닥에 누워 눈물을 흘렸다. 평소에도 잘 우는 나를 본 남편이 "또 우냐?"라고 오늘은 또 무엇 때문에 우느냐고 물었다. 나는 그냥 "인간인 게 고통스러워서……."라고 대답했다.

남편은 나의 우울증상에도 불구하고 내가 열심히 사는 것을 의아해 하는데, 역설적이게도 나는 삶이 모욕적이기에 그것에 대항하기 위해 열심히 산다. 어쨌든 그날 나는 남편에게 애도할 시간을 달라고 했고, 지금 막 나는 출산에 관한 슬픈 기사를 보았다고 이야기해주었다. 남편은 내게 "당신이 하고 있는 그 글쓰기가 당신을 더 다크하게 만들 뿐이야."라고 이야기했다. 그러면서 "당신이 예수야? 왜 세상의 온갖 짐을 당신이 지려고 해?"라고 말했다.

나는 감히 세상의 짐을 지려고 한 적이 없었다. 하지만, 세상의 슬픔이 나와 무관하지는 않다고 생각한다. 오히려, 나는 세상의 온갖 슬픔과 기겁할 '악'의 소행들을 매일 보고 겪으면서도 아무렇지 않은 이들이 정말로 이해 불가다.

○ 82년생 김지영이 시대착오적인가?

〈82년생 김지영〉이 핫하다. 많은 여성이 〈82년생 김지영〉에 공감했다는 의견에 반해 일부 온라인에서는 소설 혹은 영화가 시대착오적이라며, 82년생이 무슨 차별을 겪었느냐고 목소리를 높인다. 수백억을 버는 인강 강사 이'지영'을 들먹이며, 이런 지영이 될 생각은 안 하고, 남 탓이나 하고, 조금도 손해 보려고 하지 않으며, 의무는 하지 않고 권리만 내세우는 '못난' 지영이들이라며 비난하고 조롱한다. 소위 잘나간다는 인문학 강사나 학자들도 역시 여자들이 결혼에서 '부당거래'를 하려 한다며 쓴소리만 늘어놓을 뿐, 정작 기혼 여성들이 처한 불합리한 문제에 대해서는 눈을 감고 입을 닫는다. 그저 엄마의 힘을 믿는다며 마치 가족과 국가에 엄마의 역할이 매우 중요한 듯 교묘하게 '엄마 파워'에 기댄다. 그런데, 이렇게 엄마에게 자라나는 세대의, 사회의, 국가의 '미래'가 달린 것처럼 짐 지우는 것이 결국 여성들을 더 옭아매는 굴레가 된다는 것은 왜 언급하지 않는가? 나는 주류 인문학자 혹은 강사가 젠더문제에 약한 것이 단순히 '무지'의 문제일 뿐만 아니라 남성 독자나 청중을 의식한 처세라고 생각한다. 그렇지 않고서야 그 똑똑하고 입바른 그들이 왜 여성문제에만 입을 꾹 다무는 것일까?

○   가사노동은 사소한가

착취라는 것은 보통 사랑과 가족이라는 이름으로 행해진다. 가사노동은 사소하고 자잘한 느낌을 준다. 한때 나는 밥

115

하기 등 '사랑'으로 하는 것에 왜 '노동'을 붙이는지, 또 뭘 설거지나 청소 등 사소한 일에 뭘 '노동'까지 붙이는지, 라고 생각할 정도로 오만하고 무지했다. 하지만 엄마의 딸에서 내 아들의 엄마가 되고서야 가사노동이 얼마나 고된지 깨달았다. 엄마의 딸이었을 때 매끼 주어지는 밥은 당연한 사랑이었지만 내가 밥을 차려야 하는 입장이 되고 보니 매끼 밥을 한다는 것은 중노동임을 알게 되었다. 크게 힘을 써야 한다거나 매우 어려운 일이라서가 아니고, 밥을 차리는 데 생각보다 많은 시간과 공이 들었기 때문이다. 밥을 하다 보면 내가 밥을 차리지 않을 때 할 수 있었던 일들(책 읽기, 그림 그리기, 여가시간 보내기) 중 마음 편히 할 수 있는 게 아무것도 없다는 걸 알게 된다.

장보기에서, 재료를 씻고 다듬고 썰고, 불에 굽고 볶고, 그것을 먹고, 다시 그릇을 씻어 넣었다가 제자리에 정리하기까지. 이것을 매일 반복하는 것. 최소 3시간을 부엌에서 보내고 나니, 출산으로 약해진 손목으로 손님이라도 오신 날은 꼬박 2시간 내내 서서 부엌을 정리해야 했다. 손목이 시큰거리고 후끈거렸다. 나는 손님을 데려만 왔지 설거지를 나 몰라라 하고 외출을 해버린 남편에게 소리를 지르고야 말았다. "내 손목 얼마나 아픈지 알아?" 그랬더니 남편은 "그럼 하고 가라고 말을 하지 그랬어."라고 대답했다.

○   뭐 어때. 이제 진짜 아줌마인데

"본인이 아직도 싱글인 줄 아나봐?" 출산 후 거울 앞에서 요리조리 나의 몸을 뜯어보며 어디에 얼마큼 살이 붙어 있는지 확인하는 나에게 남편이 핀잔을 준다. 나는 출산 이후 상실감에 시달렸다. 출산은 분명 내 신체에 많은 추억과 무리, 손상을 주었다. 그리고 많은 부분에서 내 정신을 훼손했다.

현재 상태를 유지하려고 애써 노력하지 않으면, 체력도 경력도 머릿속 기억력도 허물어지고 녹슬어버린다. 나는 그동안 왜 '아줌마'들의 주름, 흐물흐물한 배, 두루뭉술한 몸매 등이 당연한 것이라고 여겼을까? 아줌마가 태어나면서부터 아줌마인 것은 아닌데, 왜 난 누군가를 '아줌마'로만 인식했을까. 나이든 여자는 왜 그런 게 당연하다고 생각했을까. 남편은 내가 아줌마가 되었으니 이젠 좀 '아줌마다워'졌으면 하고 바란다. 적당히 살도 찌고 외모에도 덜 신경 쓰고 살면 어떠냐면서.

셋째 날

엄마에 대하여

출산 후 1년 복직한 나와 주변 사람들

[어느 한가한 일요일 오후, 산후조리를 도와주셨던 이모님과의 대화]

이모님: ○○엄마, 애 아빠 기 좀 세워줘.

나: 네?

이모님: 남자가 밖에서 일 잘하고 하려면 기가 죽으면 안 돼.

나: 저도 밖에서 일하는데요…….

(제 기는 누가 세워주나요?)

[학교, 기혼 동료들끼리 대화]

A교사: 샘 남편은 진짜 착하고, 애도 잘 보잖아.

B교사: 그러게, 진짜 시집 잘 갔어.

C교사: 난, 우리 남편이 하도 애를 안 봐줘서 지난 달에 한 판 했잖아.

나: 네, 그렇죠.

(근데, 엄마가 애를 보는 건 당연하고 아기아빠가 애 잘 보는 건 칭찬할 일인가요?)

세상의 모든 여성들

미혼이었을 때 사회에서 만난 다양한 얼굴들은 정말 걱정된다는 표정으로 내게 말했다.

"아이를 갖지 않겠다니, 너무 이기적인 거 아니야?"

"애 없으면 후회해. 두고 봐라!"

"애를 낳기 싫다니, 그럼 결혼은 뭐 하러 해?"

애를 낳지 않겠다고 말하는 순간 그들은 나를 약간의 손해도 보지 않으려는 젊은 것, 조금의 희생도 감수하지 않으려는 싸가지 없는 여자로 간주해버리는 것 같았다. 요즘은 미디어가 공들여 만들어낸 '저출산 담론'까지 힘을 더해 애 낳지 않겠다는 여성들을 열심히 몰아붙인다. 마치 여성들이 국가적 위기를 초래하는 공공의 적이라도 되는 것처럼.

신기한 것은 누구나 저출산을 입에 올리지만 왜 출산에 관한 담론이 '저출산'만 있는가 하는 점이다. 출산이 애국인 것처럼 열을 올리지만 막상 여성이 임신과 출산을 겪으며 해결해야 할 여기 저기 산적한 문제들에 대해서는 '개인의 선택'이라며 나 몰라라 한다. 심지어 "지 새끼 지가 키우는데, 뭐가 힘들어?" "자기가 좋아서 아기 낳고 왜 사회한테 책임을 떠넘겨? 뭘 그렇게 요구하는 게 많은지!" "요즘처럼 애 키우기 좋은 때가 어디 있어? 옛날에는……." 하면서 잔소리 혹은 험담을 퍼붓기 일쑤다. 묘한 것은 이들이 사용하는 표현은 제가끔 다른데 듣는 사람은 하나같이 '엄마라는 존재의 원형'을 떠올리게 된다는 점이다. 마치 '엄마의 엄마' 같은 모습 말이다. 엄마가 되기 싫다고 말하는 여성에게, 본인의 엄마를, 그 엄마의 엄마를 떠올리도록 강제하는 제스처와 언어들이라니! 너무나 폭력적이지 않은가?

내가 가장 흥미롭게 여긴 점은 우리 사회가 나이든 여성을 대하는 태도다. 일단 나이 많은 여성은 모두 '엄마'로 취급한다. 내가 20대 초반에 경험한 일이다. 당시 나는 학원에서 근무하고 있었는데 함께 일하던 서른 중반의 동료 강사가 하루는 매우 격분하면서 들어왔다. 학원 앞 문방구에서 이것저것 사는데 자기더러 "어머님!"이라고 불렀다는 것이다. 그는 '어머님'이란 호칭에 격분하면서 "내가 왜 어머님이야?"라고 분통을 터뜨렸다. 당시엔 솔직히 그의 분노를 이해할 수 없었다. 나 역시 미혼시절, 중년으로 보이는 여성들은 당연히 '모두 엄마일 것'이라 여겼기 때문이다. '나이 든 여자=결혼한 여자=(당연히) 애 엄마'란 공식을 나도 모르는 사이 내면화하고 있었나 보다.

출산을 하지 않은 여성을 의무를 다하지 않은 이기적인 여자로 취급하는 시각 또한 여전하다. 엄마가 아닌 여성은 뛰어난 '유명인사'가 되지 않는 이상 '어른'으로 취급되지 못한다. 여성은 단지 여성이라는 이유로 가족과 국가의 전폭적인 눈총 아래 결혼과 출산을 종용 당한다. 정부와 미디어는 하루가 멀다 하고 저출산 위기를 들먹이며 혼인도 안 하고 출산도 안 하려 드는 대한민국의 젊은 여성들을 국가의 존립을 위태롭게 만드는 주범으로 몰아간다. 그런가 하면 다른 한편에서는 아기 낳는 일의 거룩함을 잊었다고, 숭고한 모성을 저버렸다고 통탄한다. 우리 사회의 목소리는 이렇듯 천편일률적이다.

얼마 전에는 행정자치부에서 전국에 있는 가임기 여성의 분포도를 그린 대한민국 출산지도를 만들어 거센 항의와 반발을 초래하기도 했다.

○ 중국의 그녀

가깝고도 먼 이웃 중국의 경우는 어떨까? 중국은 국가 산아제한 정책으로 남자가 여자보다 3천만 명이 더 많다. 이것이 국가 안정에 위협이 된다고 판단한 정부는 20대 중반이 넘어가는 여자를 잉여여성(leftover)으로 낙인찍어 결혼하도록 유도했다. 이것이 바로 'EIDF 2019(EBS International

Documentary Festival 2019)'에서 상영되었던 〈위기의 30대 여자들(Leftover Women)〉이 담고 있는 내용이다. 여성들은 '위기'에 처하도록 내몰려진다. 사회적으로 조장된다. 나이 든 여성은 가치가 없다는 인식을 심어, 빨리 남자랑 짝을 지을 수 있도록 몰아붙인다. 이런 부조리한 인식과 암묵적인 행동은 여성들을 또 다른 위기상황에 빠지게 한다.

중국의 한 여성 변호사가 결혼정보업체에 가서 상담을 요청하자 그곳 직원은 "예쁘지도 않고, 나이가 많네요. 좋은 조건이 아니에요."라며 이 여성의 '클래스'를 저 밑으로 내려버린다. 오직 외모와 나이만으로 가치를 매겨버린 것이다(대한민국 결혼정보업체도 별반 다르지 않다). 직업이 변호사인데도 그렇다. 이 여성은 5자매인데 그중 네 명이 결혼하고 출산도 했다. 일 년에 두 번 가족을 만나러 가는데, 모든 가족이 (결혼을 못한) 너 때문에 창피하다, 이웃사람들이 수군댄다, 라면서 그녀를 비난한다. 주인공 여성이 결혼해도 애는 갖고 싶지 않다고 하자 가족들은 이구동성으로 "왜 이렇게 이기적이니?" "왜 가족의 일을 너 혼자 결정하니?" 하고 잔소리를 늘어놓았으며 자매들은 "너 때문에 부모님 걱정하는 거 안 보이냐?"고 윽박지른다. 부모님은 "내가 너한테 어떻게 했는데, 어떻게 키웠는데 '결혼'을 안 한다니!" 하면서 원망한다. '결혼이 곧

효도인데 넌 왜 이러니'라고 외치는 듯하다.

가족들은 이 모든 이야기가 자매이자 딸을 위해 하는 사랑의 쓴소리라고 주장하지만 수면 아래 숨겨진 진짜 이유는 남들의 시선이다. 여기에 국가가 또 끼어든다. 사회 안정을 위해서라며 여자의 결혼을 서두르고, 나이든 여성은 가치가 없는 것처럼 분위기를 조장한다. 주변 사람들은 얼씨구나 하면서 전통이니 미덕이니 가치관이니 하는 것을 들먹인다. 갑자기 합심하여 여성을 '결혼'으로 몰아간다.

과연 여성에게는 '결혼과 출산'만이 자연스러운 일이고 순리를 따르는 행위인가? 결혼과 출산은 순전히 개인의 의무인가, 아니면 수많은 옵션 중 하나의 선택지일 뿐인가? 국가를 지탱하기 위해, 사회질서를 유지하기 위해 가장 먼저 동원되는 가치가 왜 여성의 희생을 담보로 하는 출산이어야 할까? 왜 우리는 21세기 AI의 시대에도 여전히 전근대적 이데올로기인 '정상가족의 신화' '정상결혼의 신화'에서 단 한 발자국도 벗어나지 못하고 있을까? 가부장제, 혹은 가족, 국가로 대변되는 지배집단의 욕망은 여성의 결혼과 출산에도 깊고 복잡하게 얽혀 있다.

○   아프가니스탄의 그녀

‘EIDF 2019’ 상영작 중 〈침묵하는 여성들을 위하여(A Thousand Girls Like Me)〉의 내용을 보자.

아프가니스탄의 한 여성이 법원에 간다. 벌써 네 번째 원치 않는 임신을 했기 때문이다. 아이 아빠는 자신의 아버지다. 자랄 때부터 지속적으로 강간을 당했고, 폭력에 시달렸는데 이제 더 이상 참을 수 없어 TV매체에 자신의 사연을 알렸다. TV 진행자는 이렇게 묻는다.

“(지금껏 참다가) 왜 이제야 목소리를 내나요?”

믿을 수 없다는 말투다.

그녀의 임신을 은폐하고 싶어 했던 사람들은 놀랍게도 가장 가까운 가족이었다. 그녀의 아버지는 이 사실을 경찰에 알리면 경찰이 성폭행할 거라고 협박했다고 한다. 경찰은 모두 매수되어 있었고, 경찰서에서 일하는 사람들은 20명이나 되었으니, 그녀는 차라리 한 명(아버지)에게 당하는 게 나을 거라고 생각했던 모양이다.

카테라(23세)는 아버지의 성적학대를 폭로하기 위해 목소리를 내려 하지만, 그녀의 엄마, 자매, 남동생들의 반대에 부딪힌다. 모두가 “너 하나만 참으면 되는데, 왜 가만히 있지 못하니? 왜 발설해서 집안을 욕보이냐?”라면서 비난하고 불평했다. "더러운 빨래를 왜 공개적으로 하냐?"는 식의 비난이 그녀에게 쏟아졌다. 피해자인 여성이 오히려 가족의 명예를 더럽힌 가해자가 되는 참으로 이상한 논리였다.

이 모든 장면이 내게는 가슴 아프지만 낯설지 않게 다가왔다. 한국의 경우도 다를 바 없지 않은가? 우리 사회도 여전히 자신이 성폭행 피해자라고 밝히는 것이 부끄러운 일이고 발설해서는 안 되는 일에 속하지 않나? 피해자가 오히려 숨죽여야 하고, 2차 가해를 우려하며 전전긍긍해야 한다. 이런 현실이 대한민국의 성폭행 신고율을 2퍼센트 미만으로 떨어뜨리는 이유다.

아프가니스탄의 그녀는 경제적으로 어렵지만 변호사를 찾아간다. 변호사는 "성폭행 사실을 증명해야 한다." "DNA는 중요하지 않다."고 말하지만 그녀는 이미 배가 부른 상태다. 그 외에 무슨 증거가 더 필요할까? 하지만 변호사는 당시에 도움을 요청했던 사람들을 찾아내야 한다고 주장했다. 그렇지 않으면 그녀가 거짓말을 하는 거라고 사람들이 몰아갈 것이며 DNA검사와 별도로 그녀가 불법섹스 혐의로 처벌 받게 된다는 것이다.

변호사는 계속해서 그녀의 말이 사실임을 입증하려면 주변 사람 가운데 그녀가 실제로 도움을 요청했다는 사실을 증명해줄 증인을 찾아내야 한다고 주장했다. 이어지는 그녀의 고백은 너무도 안타까웠다. 자그마치 14명의 율법학자에게 자신의 문제를 하소연했으나 아무도 그녀를 믿지 않았다는 것이다. (그녀의) 아버지가 평소 기도하는 모습을 봤다면서 그렇게 나쁜 일을 할 사람으로 보이지 않았다는 게 이유였다.

　　그녀는 아이를 낳아 입양을 보내겠다고 했다. 왜 직접 키우지 않는지 물어보니 "남동생들이 주는 돈으로 애들을 키우고 있는데, 이미 있는 아이만으로도 지치고 벅찹니다."라고 대답했다. 중국의 변호사처럼 아프가니스탄의 이 여성도 심각한 위기 상황에 처해 있는데, 이것이 정말 그녀의 잘못일까?

엄마는
애국자인가 죄인인가

나는 서른다섯 살에 결혼해서 이듬해에 아이를 낳았다. 나의 어머니는 서른다섯 살에 결혼하는 딸에게 "뭐가 급하다고 이렇게 결혼을 서두르냐?"면서 못마땅해 하셨다. 스물다섯 살도 아니고 서른다섯 살에 하는 결혼이 이른 건가요, 하고 묻고 싶었지만 분위기상 차마 그럴 수 없었다. 그 딸이 결혼 일 년 만에 출산하게 되자 절망하신 듯하다. 하지만 더는 양보할 수 없다는 듯 이렇게 못을 박으셨다. "둘째는 절대 안 돼." 아마 그다음 말은 "너의 인생도 있는 거지. 둘째 낳으면 너 지금처럼 회사 못 다닌다."였을 것이다. 내가 혹시라도 아기의 사랑스러움에 넘어가 출산의 고통, 내 현실 등을 망각하고 또 애를 가지려 할까 봐 나를 볼 때마다 눈을 부릅뜨며 "절대 애를 더 낳지 마라."며 신신당부하신다.

처음엔 이런 이야기들이 섭섭했지만 그 뒤로 '어머니의 그 마음'이 어떤 것인지 조금씩 이해하기 시작했다. 임신과 출산을 반복할 때마다 여성의 경력과 직장생활은 위협받을 것이다. 엄마의 역할이, 엄마 역할에 대한 기대가 사회적으로 정해진 이상 여성이 성장하여 엄마가 된다는 건 즐거움보다 염려가 더 많은 상황임이 분명하다. 그래서 요즘 어머니들이 딸에게 전해주는 최고의 지혜가 '결혼 안 해도 된다.'가 되었는지도 모른다. 비혼과 저출산은 이제 여성이 사회생활을 필수로 선택하는 시대의 지혜로운 전략이 되었다.

친정어머니가 나의 결혼과 출산 때문에 걱정하는 것과 달리 내게 둘째를 권하는 이들도 있다. 먼저 남편이다. 남편은 아직도 둘째를 원한다. 외동으로 자라면 외롭다는 게 이유다. 두 번째, 나에게 별로 관심이 없는 사람들이다. 나의 미래나 삶에 '진짜 관심'이 없는 이들은 "애 낳아보니 너무 예쁘지? 늦기 전에 하나 더 낳아라."는 말을 자주 던진다. 아이 한 명을 낳을 때마다 여성의 건강과 경력이 얼마나 위협받는지 모르는 이들이다.

최성은이 지은 『일할 수 없는 여자들-공부한 여자들은 왜 밀려나는가』에서 보듯 임신과 출산으로 경력이 단절된 여성 대부분은 직장으로 복귀하지 못한다. 국내 석사, 해외 박사라는 타이틀도 일단 경력이 단절된 후에는 '아무 쓸모'가 없는 것으로 간주된다. 많이 배운 것이 오히려 허탈하게 느껴질 정도다. 자녀를 키우기 위해, 그토록 국가가 바라던 출산을 하고 육아를 감당하기 위해 잠시 집에 머물렀던 것인데 다시 사회로 나갈 기회를 박탈해버린다. 설령 사회로 복귀한다 해도 적성이나 전공 분야와 상관없이 하향 지원을 하게 된다. 그게 현실이다.

2019년에 방영되었던 드라마 〈로맨스는 별책부록〉의 여주인공 강단이는 한때 광고회사 카피라이터로 감각과 능력을 인정받았던 잘나가는 커리어 우먼이었다. 이혼 후 우여곡절 끝에 사회에 복귀하려 했더니 면접 후 이런 말을 듣는다.

"집에만 10년 있었으면서, 어딜 다시 기어 나와!"

아이러니하게도 이 말을 던진 사람은 여성이다. 사실 이 대목에서 이 말을 한 사람이 여성인가 남성인가는 중요하지 않다. 굳이 여성으로 설정한 것은 다만 제작사의 음모일 뿐 로맨스드라마라는 거품을 빼고 봐도 그 비슷한 멘트를 우리는 심심치 않게 들을 수 있기 때문이다. 육아 때문에 혹은 비슷한 이유로 집에 있었던 것이 죄가 되는 사회라니!

○   엄마의 건망증은 가사노동의 양과 비례한다

출산 후 일상생활에서 남편과 대화할 때 나는 거의 이런 식이다.

"저것 좀 거기다가 넣어줘."

"그것 좀 이렇게 해줘."

평소에 별로 사용하지 않았던 무수한 지시대명사로 이루어진 대화들이다. 나의 뇌는 정말 지시대명사가 들어갈 자리에 있어야 할 단어들을 잊어버린 걸까?

남편은 내게 출산하고 나더니만 건망증이 심해졌다고 한다. 진짜 그럴까? 남편은 여전히 집에서 청소를 하고, 화장실 청소를 하지만, 청소 뒤에 청소기의 먼지 제거함을 비우는 일, 건조기에 끼인 먼지를 제거하는 일, 화장실 청소 시 빼먹은 물기를 닦는 일은 언제나 내 몫이다. 남편은 우리 집에 그런 일이 있는 줄도 모른다. 그에게 이런 일은 존재하지 않는 노동이다.

남편도 분유를 타지만 논란이 되지 않은 분유회사와 제품을 검색·비교하는 것은 내 몫이다. 분유가 떨어지지 않게 주문하는 것도, 아기 옷을 빨 세제를 고르면서 유해물질이 적은 제품을 조사하는 것, 형광물질이 들어가지 않은 옷을 사는 것도 내가 출산 후 '새롭게' 하게 된 일들이다. 그 뿐인가? 나는 육아에 필요한 거의 모든 정보를 끝없이 습득하고 있었다. 우유병의 젖꼭지는 2개월마다 한 번 교체해야 한다, 새로 바꾼 분유 포트기의 바닥 스테인리스를 연마제가 나오지 않게 닦아야 한다, 수요일에는 예방접종을 하러 간다…… 등등 아주 사소하지만 아기에게 중요한 일들을 고민하고 걱정하느라 내 머리는 쉴 틈이 없다. 나의 건망증은 어쩌면 늘어나는 가사노동과 비례하는지도 모른다.

나와 남편이 3인 가족 형태에 어느 정도 익숙해져 비로소 여유 시간이 생겼을 때부터 나는 결사적으로 책을 읽었다. 남편은 그 시간에 게임을 하거나 운동을 했는데 내가 책을 읽는 것과 남편의 여가활동은 단순한 취향 차이에서 비롯된 게 아니었다.

그는 '남편, 교사, 사위'라는 역할에 '아빠'라는 역할이 더해졌을 뿐 특별한 변화를 느끼지 못하는 것 같았다. 반면 내 경우엔 '아내, 교사, 며느리'라는 역할에서 교사가 빠지고 그 자리를 '엄마'가 대신하면서 역할의 우선순위 또한 '엄마, 아내, 며느리'로 재배치되었는데, 나는 솔직히 이 부분에서 혼란과 고통, 압박을 경험했다. 남편은 그 어느 부분에서도 나만큼 절박해 보이지 않았다. 내가 결혼과 출산으로 인해 기쁘고 고달팠다면, 남편은 고달프긴 하지만 만족스러움이 더 큰 것처럼 보였다. 이러한 '다름'은 어디서 비롯된 것일까?

여자는 결혼과 출산 이후, 자신의 언어를 갖기 위해 고군분투하며 새로운 공부를 시작할 수밖에 없다. 남의 나라 이야기 같던 여성주의에 눈을 뜨고, 아이를 키우면서 사회구조에 대해 고민하고, 교육시스템과 피부에 와 닿는 복지정책에 민감하게 반응하게 된다. 좀 더 정치적인 인간으로 거듭나는 것이다. 반면 남성들은 여성의 경우와 반대로 일상과 삶에 무뎌진다. 여성이 결혼과 출산, 육아를 통해 날마다 새롭게 눈을 뜬다면 남성들은 거의 모든 일에서 '제로섬' 상태에 빠진다. '좋은 게 좋은 것'을 택하고 싶은 열망이 그들의 이성을 잠식해나가는 것일까? 따라서 대다수 남성들은 고부갈등 같은 집안의 문제도, 정정당당하게 요구할 수 있는 육아휴직 문화도, 최소한의 평등을 보장해주는 가사노동 분담도 피해가는 쪽을 택한다.

사회의 분위기도 마찬가지다. 남자를 주 양육자로 인정하지 않는 탓에 아무리 법이 남자의 육아휴직을 보장해준다 해도 현실에서는 거의 무용지물이다. 여자가 휴직하고 양육을 도맡도록 부추기고, 가족을 돌봐야 할 남성을 여전히 야근과 회식 자리에 앉힌다. 노동의 강도 또한 달라지지 않는다. 한국의 아빠들이 정시에 퇴근하지 못하고 공동육아에 참여할 여유를 갖지 못하는 배경이다. 그러다 보니, 아빠의 몫은 결국 나이 든 '선배 엄마'들에게 돌아간다. 집안의 어머니나 할머니, 고모 이모 등에게 육아의 일부 혹은 전부를 의존하게 된다는 뜻인데, 이때 나이 든 엄마들의 희생을 지켜보는 고통 역시 고스란히 젊은 엄마의 몫이다. 그 고통의 본질은 안타까움과 미안함이다. 경제적 능력이 월등하여 육아를 도맡아줄

입주 전문가를 고용하면 좋겠지만 대다수 엄마들은 그렇게 하지 못하기 때문이다. 그러니 이중의 덫에 걸려 점점 암담해질 수밖에 없다. 이러지도 저러지도 못하며 고군분투하고, 자주 갈등하며 체념하면서 엄마들은 이제 남편을, 시부모를, 친정엄마를 타자화한다.

출산은 부부사이를 위협하는 큰 갈등의 씨앗이 되기 십상이다. 자녀가 한 명일 때보다 두 명일 때 이혼율이 오히려 높다고 하니, 육아 문제가 가정 내에서 얼마나 큰 갈등의 요인으로 작용하는지 충분히 이해하고도 남을 일이다.

엄마는 태어나는 게 아니라
만들어진다

○　엄마의 자리에서 바라본 세상

아기가 9개월 되었을 무렵이었다. 남편이 출근한 뒤 잠깐 외출할 일이 생겨 콜택시를 불렀다. 한 손에 아기를 안고, 한 손에는 커다란 가방을 들고 밖에서 기다리는데, 아무리 기다려도 택시가 오지 않았다. 가방을 바닥에 내려놓고, 휴대폰을 확인했더니 택시 기사에게 부재중 전화가 와 있었다. 나는 얼른 기사님에게 전화를 걸었다.

기사: 아니, 왜 전화를 안 받아요? (짜증이 나 있음)

나: 왜 전화하셨어요?

기사: 거기 아파트가 1차인지 2차인지 헷갈려서 확인하려고 한 건데! 왜 전화를 안 받아요?

나: 전화 교환원이 1차라고 이야기 안 하던가요?

기사: 거기서 안 알려줘서 확인하려고 한 건데.

나: 지금 어디세요?

기사: 지금 출발하니 밖에 나와 기다리고 있어요. (화난 목소리로 명령)

나: 주소를 잘 모르면 택시회사 전화 교환원한테 물어봐야지 왜 나한테 물어보나요?

기사: 그럼 전화 교환원한테 따져야지 왜 나한텐 따져?

나: （택시회사에 전화함） 아니, 주소 제대로 기사님한테
　　알려주셨어야죠?

교환원: 분명 제대로 알려드렸어요. 가끔 손님 중에 콜
　　택시 해놓고, 자리에 안 나타나는 사람들이 있어서
　　확인 전화를 하는데 전화를 받으셨어야죠.

나: 평소에도 콜택시 이용하는데, 확인 전화 하는 경우
　　는 없었어요.

교환원: 택시기사랑 해결할 일을 왜 저한테 이러시죠?

나: 거기서 주소를 제대로 안 가르쳐줬으니까, 이런 상
　　황이 된 거 아니에요?

교환원: 전 제대로 102동이라고 알려드렸다니까요?

나: 그럼, 기사님이 왜 1차인지 2차인지 모르죠?

교환원: 기사님한테 물어보세요. 왜 저한테 이러세요?

나: 1차인지 2차인지 기사님한테 알려줬으면 이런 일
　　이 없잖아요?

교환원: 그러게, 확인 전화만 받았으면 될 일 아니에요?

　　나는 당시 손이 자유롭지 못했다. 옥신각신하고 있는데
택시가 도착했다. 이미 지쳐버린 나는 서로에게 짜증만 내는
상황에서 택시를 타고 싶지 않았다. 잠시 후 도착한 할아버지

택시기사는 내가 아기와 함께 있는 걸 보고 아무 말도 하지 못했다.

모두가 다 원할 때 휴대폰에 응답할 수 있을 만큼 자유로운 것은 아니다. 나는 이 사소한 진리를 아기와 함께 움직여야 하는 많은 순간마다, 어쩔 수 없이 남의 손에 의지해야 할 때마다 깨달았다. 신체 움직임의 자유, 이동의 자유는 결코 당연하지 않다는 것을. 자신이 원하는 대로 자유롭게 움직일 수 있는 신체의 자유를 정상 혹은 보편이라고 생각했던 나의 오만이 떠올라 나는 문득 내가 얼마나 세상의 많은 부분을 놓치고 있었는지 뒤돌아보게 되었다.

○　여성주의는 엄마의 희생을 먹고 자란다

많은 남성들이 〈82년생 김지영〉을 두고 갑론을박을 벌였다. 비단 남성만이 아니다. 여성들 사이에서도 많은 의견이 오고갔다. 〈82년생 김지영〉에 대한 시각을 중심으로 세대가 갈렸을 만큼 이 작품은 많은 이야깃거리를 던져주었다. 그중 논의의 테이블에 가장 많이 올라왔던 것이 "여성은 과연 (남성에 비해) 불평등한 대우를 받고 있는가?" "현재의 여성은 과연 예전 세대 여성과 어떻게 다른 삶을 살고 있는가?"라는 문제였다.

지난 세기에 비해 21세기 여성의 삶을 보면 사회생활 진출이 활발해졌고, 특히 교육이나 문화, 공공분야에서 활약이 눈부시다. 근대 산업혁명 시기처럼 여성이 남성에게 공부할 기회를 양보해야 하는 일도 거의 없고, 교육 현장에서도 여학생과 남학생은 평등을 누리는 것처럼 보인다. 직장에 들어가거나 독립하는 데도 더는 남녀의 구별이 없다.

서글픈 현실은 평등이라든가 여성의 권리에 관한 모든 현실적인 논의가 '딱 여기까지'라는 사실이다. 거의 모든 여성주의 논의는 여전히 '어떤 엄마'의 희생을 먹고 자라 그 위에서 싹을 틔우고 있으며, 평등에 대한 열렬한 주장은 회사 문이 아니라 우리 집 문 앞에서 더 극적으로 멈춘다. 더 적확하게 표현하자면, 여성주의든 평등이나 자유에 대한 권리 주장이든 자본을 도구로 한다. '결혼·임신·출산'이라는 '만렙'을 경험하는 여성들이 자기 삶의 질이 극명하게 구분되는 것을 절감하는 것 또한 자본에 의해서다. 자본의 혜택을 받는 여성은 이 같은 3종 세트를 '종합선물세트'로 받아들일 수 있지만 경제적으로 곤고한 여성에게는 날이 갈수록 교묘해지는 '종합고문세트'가 될 수도 있다.

안타까운 일이지만 거의 모든 여성은 출산과 함께 자

신이 처한 현실에 갑자기 눈을 뜨게 된다. 자녀를 둔 여성이 사회생활을 해나가려면 돌봄 노동을 대신해줄 대리인을 구해야 한다. 이 문제가 해결되지 않으면 경력을 이어가는 일 자체가 불가능하다. 그런데 돌봄 노동엔 비용이 많이 든다. 첫아이를 낳을 무렵의 경제력이라는 건 누가 봐도 뻔하다. 출산한 많은 여성들이 친정엄마 옆집이나 시가 옆으로 이사하는 배경이다. 너무도 서글픈 일이지만 경제력이 넉넉하지 않은 젊은 엄마는 늙은 엄마의 노후를 갉아먹고 살아갈 수밖에 없다. 그러니 출산 및 출산정책이나 지원에 대한 현실적이고 진지한 논의 없는 여성주의를 '절반의 성공'이라 불러도 할 말이 없다.

남성은 어떤가? 남성은 아빠가 된 이후 사회생활을 이어나가기 위해 아빠 역할을 대신해줄 대리자를 구할 필요가 없다(물론 한부모의 경우는 다르다). 엄마가 된 여성처럼 경력과 사회적 역할을 포기할 필요도 없고, 엄마가 된 여성처럼 '모 역할'을 감당해줄 대리자를 찾느라 혈안이 될 필요도 없으며, 그 과정에서 감정의 널뜀을 경험하지 않아도 된다. 이 모든 것을 혼자 감당하는 여성은 그럼에도 어느 날 밖에 나왔을 때 '10년 동안 집에 있다가 기어 나온' 철딱서니 없고 염치없는 사람으로 취급된다. 여성이 자신의 역할을 대신해줄 여성을 찾아 끝내 착취하게 되는 이 모순을 나는 '땜빵의 경제학'이라고 부르고 싶다. 우리 가정과 사회는 줄곧 이 땜빵의 경제학에 기생해왔다.

○   만들어지는 사람 '엄마'

출산이라는 혹독한 통과의례를 걸쳐 엄마가 된 여성은 사회가 정해놓은 모범적인 엄마의 그림에 자신을 맞추도록 강요당한다. 그런데 '그 엄마'는 내가 생각하던 '엄마'가 아니다.

출산은 엄마가 된 여성이 자신이 세운 룰과 세상이 만든 규범 사이의 엄청난 간극을 깨닫게 되는 소위 '첫 사건'이다. 내가 굳이 '사건'이라 부른 데엔 이유가 있다. 출산은 말랑한 이벤트나 해프닝이 아니다. 이벤트 혹은 해프닝 정도로는 삶의 근본적인 쟁점이 변하지 않는다. 하지만 사건은 다르다. 인류 역사를 바꾼 터닝 포인트들도 해프닝이 아닌 사건이었다. 또한 사건은 절대 혼자 힘으로 벌어지지 않는다. 전조(前兆)가 있고 과정이 있고 결과가 있으며 긍정적이든 부정적이든 후유증이 있다. 출산도 마찬가지다. 이 사건을 기점으로 여성은 생물학적 성으로서의 정체성은 물론 젠더 정체성, 그리고 더 나아가 인간으로서의 정체성에 눈을 뜨게 된다. 삶의 면면이 속속들이 변화한다.

엄마라는 이름의 여성이 가장 먼저 경험하는 변화는 자존감이 자괴감으로 바뀌는 것이다. 이 변화는 여성 내면의 본능과 이성, 그리고 감성이 함께 충돌하면서 발생하는데 대개 억압적인 언어로부터 기인한다. "누가 뭐라 했나? 괜히 자기가 찔려서 그런 거 아냐?" "넌 엄마잖아." "모성이 얼마나 위대한데." 같은 것들이다. 그런데 이 말들은 다음과 같은 깊은 뜻을 품는다.

* 누가 뭐라 했나? 괜히 자기가 찔려서 그런 거 아냐?
  ⇨ 네 선택에 책임을 져.
* 넌 엄마잖아.
  ⇨ 엄마의 엄마도 다 한 일이야. 징징대지 말고 열심히 엄마 노릇 하라고.
* 모성이 얼마나 위대한데.
  ⇨ 봐라, 역사상 위대한 인물들의 엄마를 좀! 지금 당신이 내 감정 내 경력 운운할 때야?

엄마들이 느끼는 억압을 설명할 언어가 부족한 상황에서 여러 가지 비난에 취약한 엄마에게 가장 먼저 드리우는 잣대는 "네가 선택한 거잖아?"이다. 해석하자면 "너 개인의 선택이니 불평하면 안 돼."이다. 하지만 우리는 알고 있다. 인간은 그 어떤 경우에도 결코 '홀로 개인적'일 수 없다는 것을.

엄마에게 적용되는 두 번째 잣대는 '어쨌든 좋은 엄마'여야 한다는 것이다. 아빠란 어떤 존재여야 하는가, 좋은 아빠란 어떤 모습인가에 대한 담론은 활발하게 전개되지 않아도 엄마에겐 늘 '좋은 엄마' '나쁜 엄마' '이상한 엄마'라는 인위적으로 구분된 꼬리표가 따라다닌다. '좋은 엄마'는 자녀를 영육 간에 잘 기르고, 애착형성을 잘하고, 다양한 '엄마표'의 산 증인이 되어야 한다(나는 이제까지 '아빠표 영어'라든가 '아빠표 집밥'이라는 말을 들어본 적이 없다). 그런데 좋은 엄마는 또 좋은 딸이자 좋은 며느리, 좋은 시어머니, 좋은 장모로 스펙트럼이 무한 확장된다. 다중이가 아니고서야 이 많은 역할을 어찌 감당하겠는가? 하지만 어느 날 당신이 저 다양한 역할 때문에 긴장, 갈등, 혼란, 무력감, 불안, 우울, 정신적 피로 등을 느낀다고 털어놓는다면 그 순간부터 당신은 '이상한 엄마'가 될 것이다.

엄마에게 적용되는 세 번째 잣대는 '엄마는 엄마다.'라는 동어반복적 가치체계다. 엄마가 된 여성이 아니라 엄마인 인간들의 경험에 대한 자기진술이나 자기표현 혹은 스토리텔

링은 늘 억압되며, 여성들의 자각, 인식, 사유의 과정에서 발생하는 지식, 앎, 정보, 지혜, 노하우 등은 유의미한 데이터로 남지 않는다. 남성의 역사가 아빠 어깨 위에서 시작하는 역사라면 여성의 역사는 매번 바닥에서 새로 시작하는 역사다. 사정이 이러하니, 인간으로서의 존재를 부정당하고 강제된 역할로 존재하기를 요구받는 여성들은 결국 자기분열에 시달릴 수밖에 없다. '엄마는 엄마다.'라는 명제만큼 여성이 처한 '식민성'을 잘 드러내주는 말이 또 있을까? 엄마는 위대하지만 현실에선 맘충이고, 엄마는 수치심을 느끼면 안 되지만 염치는 있어야 하고, 엄마는 여성이 아니라 아줌마고, 모성은 위대하지만 가족 이기주의는 악마적이며, 엄마는 아이를 잘 키워야 하지만 욕심을 많이 부리면 헬리콥터맘이다. 엄마와 인간의 경계선은 대체 어디일까?

넷째 날

출산을 위협하는
다양한 폭력

여전히 위험한 출산

여 : 나 애 낳을 때, 3일 진통해서 정말 죽다 살아났잖아…….

남 : 그래? 그게 그렇게 힘든 거야?

여 : 진짜 출산이라는 게 오늘날에도 위험한 일이야…… 얼마 전에도 어떤 산모가 제왕절개 하다가 마취가 잘못돼서 식물인간 됐어.

남 : 그래? 근데 우리 할머니는 예전에 애 어떻게 낳은 거야?

여 : 할머니도 그렇게 목숨 걸었던 거야.

남 : 아닌 거 같은데? 우리 엄마도 쉽게 낳았다는데?

여 : 그럴 수도 있겠지. 하지만 목숨을 잃는 경우도 많아. 알려지지 않았을 뿐이지.

남 : 애 낳는 게 그렇게 어려운 거야? 그럼 이 세상 엄마들은 애 어떻게 낳았냐? (너만 유난이라는 눈빛)

여 : 다들 어렵게 그렇게 낳은 거야. (넌, 할머니가 출산할 때 옆에 있지도 않았는데, 어떻게 그렇게 아니라고 확신해?)

'할머니의 순산'이라는
출산 신화

출산만큼 근대와 봉건이 섞여 혼란이 난무한 영역이 있을까? 현대 여성들의 출산은 전근대 할머니들의 출산에 자주 비교된다. 손자들이 꼭 할머니의 출산을 들먹이기 때문이다. "옛날 우리 할머니는 자식 열 명을 낳고도 끄떡없었대." "우리 할머니는 밭일 하다가 삼촌들 낳았다고 하셨어." 같은 언설은 실제 여성의 경험이나 고통의 표현을 봉쇄하는 교묘한 전략이다. 밭에서 애를 낳던 할머니에 비하면, 병원에서 의사와 함께 출산하는 오늘날의 당신 처지는 상당히 좋아진 게 아니냐는 무언의 질책이자 압박이다. 그래서일까? 현대 여성들이 경험하는 출산의 노고는 거의 대부분 개인의 일로 축소되고 자주 저평가된다.

출산을 둘러싼 검증되지 않은 말들도 난무한다. "첫째 낳을 때 못한 산후조리는 둘째 낳을 때 제대로 하면 더 건강해진대." "서양 여자들은 산후조리 안 한대." "무통주사 맞으면 안 아픈 거 아니야?" 같은 부정확한 정보들 속에서 출산을 앞둔 여성은 어떤 말이 진짜인지, 무엇을 믿어야 할지 몰라 혼란스럽다.

출산에 관한 정보가 이렇게나 마구잡이인 것은 출산의 주체가 출산이란 경험을 해석하는 권한을 부여받지 못해서 지식으로, 역사로 남지 못했기 때문이다. 출산을 경험한 여성 개인의 이야기, 목소리, 노하우, 감정…… 이 모든 것이 휘발되고 사라지는 것이다.

놀라운 일이다. 놀라운 역사의 삭제다. 무엇이 역사로 남아야 하며, 무엇이 중요한 인류의 지식인지를 결정하고 협상하는 문제에 있어 여성들의 역할은 도외시되었다. 그리고 힘을 잃었다. 덕분에 여성들이 자신의 건강과 안전이 직결된 출산의 문제에 부딪힐 때 참고할 만한 레퍼런스를 찾지 못한다는 아이러니가 발생한다.

인류의 지혜를 모아놓은 보고(寶庫)인 도서관에 어떤 지식이 들어가서 확대·재생산되는가 하는 문제가 결국 '지식 권력'의 문제라면, 도서관 서가에서 출산 문제를 어떻게 다루는가를 확인하는 것이야말로 출산을 바라보는 사회의 인식을 보여주는 지표라 할 수 있다. 현재 도서관 서가에 꽂혀 있는 출산은 오직 여성의 신체, 임신, 출산 과정을 생물학적, 해부학적, 의료적 측면에서 단편적으로 다룬 것이 주를 이룬다. 출산의 계보학, 철학, 심리, 문화, 이데올로기, 출산과 미디어와의 관계 등은 눈을 씻고 보아도 찾아보기 어렵다. 여성에게 실제적으로 도움을 주는 여성의 출산 역사, 출산 정보, 노하우…… 등이 제대로 업데이트되지 못하고 있다는 절망감은 여성들이 개인의 출산에 대해 입을 닫는 대신 손자들이 할머니의 출산을 영웅담처럼 떠드는 모순을 야기한다.

○   근대를 통과하지 못한 여성의 출산

회사에 나가 집 안 시스템을 관리하고, 비대면으로 오페라를 감상하는 시대지만 출산 문제만큼은 여전히 전근대적이다. 이는 여성의 삶을 온전하게 독립시키려 하지 않는 사회구조와 철저하게 맞물린다. 따라서 출산의 탈식민화 문제는 약자의 자유권 및 평등 문제와 함께 오늘날 더욱더 절실한 해결책이 요구되는 문제일 수밖에 없다.

『탈식민지 시대 지식인의 글읽기와 삶읽기』의 저자 조혜정에 따르면, "식민지성은 구체적인 역사적 사건과 관련된 현상을 뜻하기보다 지식과 삶이 겉도는 현상을 의미한다."고 한다. 여성이 자신의 경험을 인식하는 과정에 있어 참고할 수 있는 지식이 남편, 손자, 아들, 아버지의 시각에서 쓰인 것이라면 그 여성은 지식과 삶이 겉도는 현상을 겪을 수밖에 없다는 뜻이다. 이것이 바로 출산에 관한 지식이 산모, 엄마, 할머니의 시각과 언어로 기록되고 문서로 유의미하게 남아야 하는 진짜 이유다.

출산 이후 여성은 기존의 삶과 엄마가 된 이후의 삶 사이에서 어떤 괴리를 느낀다. 모성과 여성의 자아라는 정체성이 양립 불가능하다는 사실, 여성의 경우 출산 이후 삶이 대단히 많이 바뀌게 되는 것, 엄마의 삶과 개인의 삶이 분열한다는 것 모두 출산의 식민지성을 반영한다. 따라서 출산의 신화, 모성의 신화라는 '지식'은 여성의 시각으로 재구성, 확대, 재생산되어야 할 것이다. 손자들이여, 힘이 박탈된 탈권력화한 '할머니의 표상'을 제멋대로 구성하는 정치를 그만두자.

개인적인 사건으로 비역사화하고 비가시화했던 출산이야말로 한 사회를 들여다보고 파악할 수 있는 바로미터다. '출산과 의료' '출산의 역사' '출산의 정치학' '고고학 속 출산' '출산의 변증법' '출산과 사회' '근대 속 출산' '출산과 폭력' '출산과 모성' '출산과 여성 건강' '출산과 미디어' '출산과 철학'…… 이 주제들은 내가 읽고 싶지만, 아직 쓰이지 않은 책의 목록이다. 미래에는 반드시 책으로 출판되어야 한다.

문제는, 이러한 책들이 필요한데, 이에 대한 필요조차 인지되지 못했다는 사실이다. 사실 출산 관련 연구를 수행해야 하는 학문 분야는 의학에만 한정되지 않는다. 의학 분야에서도 출산에 관한 대중서는 '생물학적, 해부학적' 의료서에 국한되어 있으며, 눈에 보이지 않는 영역으로 여겨지는 임신한 여성의 정신 건강에 관한 부분은 연구가 매우 초라한 실정이다.

손자들의 흔한 언설, "밭에서 애 낳고 다시 일하러 갔다."는 말은 그래서 대단히 나쁜 말이다. 여성이 애를 낳는 일이 수고 없이 이루어지는 자연스러운 것이고 여성의 출산이 순리라는 일종의 허구를 심어주는 표현이기 때문이다. 더구나 위의 이야기들은 진실이 아닐뿐더러 당사자 여성에게 애 낳는 일이 오늘날에도 목숨을 거는 위험한 일이라는 사실을 은폐함으로써 주체자들이 그 위험성을 충분히 인지하고 대비하지 못하게 무장해제를 시켜버린다. 아무리 의료가 발달했어도 오늘날의 출산이 예전보다 쉬워진 것은 아니다. 절대 그렇지 않다. 출산은 '의료'로만 해결되지 않는 정신적이고 철학적인 행위기 때문이다.

예전 할머니들은 오늘날의 여성보다는 대략 15년 정도 이르게, 10대 후반에서 20대 초반에 초산을 시작했다. 비교적 오늘날의 임산부보다 젊고 건강했을 확률이 높다. 아기를 많이 낳으려면 아무래도 초산 연령이 빠른 편이 유리하다. 하지만, 오늘날 초산 연령은 30대 중후반 혹은 40대 초반인 경우가 대다수다. 장기간으로 이어질 양육 과정에서도 산모의 산후 조리는 체력 회복에 반드시 필요하다.

서양의 산모는 애 낳고 벌떡 일어나 피자도 먹고 콜라도 마시며 돌아다닌다는 이야기도 있다. 하지만 서양 여성도 산후 조리에 소홀했던 경우 중년에 접어들면서 이유가 불분명한 각종 면역력 저하나 신체 불편 증상을 호소하는 경우가 많다. 서양 여성 또한 결코 더 튼튼하기에 산후 조리가 필요 없는 것은 아니었던 것이다. 그런데 이런 사정을 고려하지 않고 출산한 여성의 산후 조리에 '쿨'한 시각을 강요하는 것은 폭력이며 무지에서 비롯된 야만이다. 뼈가 해체되어 온몸이 충격에 휩싸였던 사람을 '별것 아닌 체험'을 한 사람으로 가볍게 다루는 것은 가부장제에서 비하되고 경시되어온 여성의 신체에 대한 관점과도 연결되어 있다. 여성의 신체, 여성의 경험, 여성의 목소리, 여성의 감정 등에 대한 온전한 존중과 회복, 가치 인식이 절실하고도 시급한 배경이다.

　　대다수 현대 여성은 평소에 '밭 노동'을 하지 않는다. 대학을 졸업하고, 직장에 다니는 경우가 많다. 이는 현대 남성이 '밭노동'을 하지 않는 것과 마찬가지다. 현대 여성은 현대 남성과 마찬가지로 육체노동보다는 사무실에서 컴퓨터를 활용한 노동을 하고 있을 비율이 현저히 높다. 그런데, 출산을 할 때가 되면 갑자기 어느 여성에게나 옛날 할머니가 소환된다. 현대 여성과 남성 모두가 스마트폰을 쓰고, 자동차를 타고

다니며, 남녀 구분 없이 교육을 받고, 사회에 진출하고, 초산 연령 역시 예전에 비해 10년이나 늦춰졌는데도 예전과 완전히 달라진 삶의 방식을 고려하지 않고 현대 여성의 출산을 할머니의 출산이라는 잣대로 재단한다. 타임머신은 꼭 이럴 때에만 운행하는가 보다.

임산부의 정신 건강에 관련된 문제 역시 소홀하게 다루어진다. 산전 우울증이나 산후 우울증이 오는 것은 호르몬 분비 문제 이상인데도 연구 관련자들은 생물학적 차원을 넘어서려고 노력하지 않는다. 현재 사회의 노동 현실, 여성의 현실 등 개인이 처한 환경과 구조를 반영하는 사회과학적 분석을 동반해야 하는데 관련 연구 결과는 여전히 척박하다. 기껏해야 임신과 출산을 산업으로 인지하여 경제논리로 바라보는 시각만 가득하다.

출산은 몸, 성, 에로스, 가족, 결혼, 근대, 젠더, 계급, 자원 등을 모두 건드리는 복합적 이슈다. 따라서 더더욱 통합적으로, 학문 간 연계를 철저히, 사회적·정치적인 맥락에서 연구되어야 한다. 단지 여성학의 주제로서가 아니라 보편 인문학의 주제로 다루어져야 한다.

○   할머니는 정말 아기 낳고 밭으로 갔을까?

'할머니' 하면 어떤 이미지가 떠오를까? 나의 경우, 햇볕에 그을린 검은 얼굴, 삶에 시달린 듯 주름이 가득한 얼굴, 해탈한 것처럼 다소 무표정한 얼굴, 담배를 피우고 있어도 전혀 위화감이 느껴지지 않는 외모, 굽은 허리, 시커먼 손, 손톱 사이에 낀 흙때…… 등이 떠오른다. 우리가 평소 상상하는 한국의 할머니들 모습이다.

한국의 할머니가 '한(恨)'의 상징으로 존재한다면 다른 나라 할머니들은 어떨까?『프랑스 여자는 80대에도 사랑을 한다』라는 책을 보면 한국 할머니에 대한 빈곤한 상상력이 문득 가슴을 저민다. 그 책과『베도 숱한 베 짜고 밭도 숱한 밭 매고』에 나타난 80대 여성 노인의 사이에는 대조적이라 할 만한 이미지 차이가 있다. 똑같은 노인인데 프랑스 여성은 여전히 여성성을 잃지 않는 개별적 존재로 그려지는 반면 한국의 여성은 획일화된 '전형적인 할머니'로서 한을 품을 정도로 고생한 존재로만 부각된다. 그런데 더욱 흥미로운 점은 21세기 현재에도 '한국 할머니'라는 존재에 대한 상상은 전근대에 비해 조금도 달라지지 않았다는 점이다.

'할머니' '며느리' '엄마'라는 존재에 대한 언설은 미디어, 도서, 잡지, 광고 등을 통해 직·간접적으로 끝없이 확대·

재생산되면서 전체로서의 정체성을 굳히게 된다. 할머니의 정체성은 누군가의 딸, 누군가의 엄마, 할머니, 시어머니처럼 가족과의 관계를 주축으로 구성될 뿐 개별 여성의 삶은 보이지 않는다.

그런 면에서 손자가 '할머니'를 언급하는 것은 참으로 의미심장하다. 보통 손녀들은 '할아버지'의 삶을 현재로 끌어오지 않기 때문이다. 할아버지는 탈정치화하지 않았지만, 할머니는 탈정치화가 완벽하게 이루어진 가장 대표적인 사례라 할 수 있다. 할머니란 존재는 그래서 종종 저주로 작동한다.

미야자키 하야오의 애니메이션 〈하울의 움직이는 성〉을 보자. 가업인 모자 가게를 물려받아 운영하는 소피는 영업이 끝난 뒤 동생 레티를 만나러 간다. 도중에 병사들에게 둘러싸여 곤란을 겪게 되는데 그때 매력적인 마법사 하울이 나타나 소피를 구해준다. 우여곡절 끝에 소피는 동생을 만나지만 마음은 이미 하울에게 푹 빠져 있다. 그날 밤, 하울을 노리던 악명 높은 '황야의 마녀'가 소피 앞에 나타나 소피를 90세 할머니로 바꿔버린다. 이 저주를 풀기 위한 여정이 영화의 메인 스토리인데 저주를 하는 마법사는 뚱뚱하고 거대한(기이한) 신체를 가지고 있다. '할머니가 되는 것은 저주'라는 전제가 깔려 있는 셈이다.

신체적으로 늙고 추한 존재, 특히 할머니에 대한 공포와 혐오는 그 뿌리가 깊다. 동화 속 악녀들, 마녀들 모두 할머니의 얼굴을 하고 있다. 심술궂고 지독하며 타인에 대한 적개심으로 가득한 존재가 할머니라는 이미지는 동화라는 매체를 통해 아주 어릴 때부터 우리의 인식 안에 자연스럽게 자리를 잡게 된다.

실제로 여자 어린이들은 '할머니가 되는 것'에 대한 두려움을 갖고 있다고 한다. 나이 듦에 따른 자연스러운 과정을 두려움으로 받아들이게 만든 현상 역시 여성 혐오의 한 단면이다. '할머니'라는 존재에 대한 이 빈약한 상상력을 극복하지 않는 한 저출산 문제 역시 해결되지 않을 것이다. '할머니'라는 언설은 여성의 본질이 '고생, 고통' '자아 상실'이라는 팩트를 강조할 뿐이기 때문이다. 80대에도 여전히 자신을 가꾸며 '이성애'를 즐기도록 부추겨지는 인생도 피곤하지만 그렇다고 '사랑'이 금기시되는 존재가 되는 것도 고달프긴 마찬가지다.

손자나 아들이 종종 내뱉는 "우리 할머니는……" "우리 엄마는……"이라는 말은 매우 상징적이다. 전근대 시기 여성의 사망 원인 1순위가 출산일 정도로 출산은 여성에게 가장 위험한 활동이었음에도(임신과 출산에 관련해서는 역사서에도 '금기'가 나열된다. 신중에 신중을 기하고, 조심하고, 정성을 다해야 한다고 강조한다), 남성은 자신의 '할머니'가 애를 쉽게(자연스럽게) 낳았고, 많이 낳았고, 그러고도 '멀쩡했다'고 우긴다.

"할머니는 밭일을 하다가도 애를 낳았는데!"라는 이야기는 정녕 누구의 시각에서 나온 것일까? 출산 직전까지도 '노동(밭일)'을 하기 원하는 사람은 누구인가? 할머니는 애 낳고도 정말 멀쩡했을까? 이와 관련된 팩트를 제일 잘 아는 사람은 누구일까? 출산에서까지 여성끼리 '경쟁'을 부추기는 주체는 누구일까? 어쩌면 이들은 "너는 애 낳는 게 그렇게 힘드니? 그건 네가 열등해서 그런 거야. 내가 아는 '진짜 여자'들은 애 잘 낳던데."라고 말하고 싶은 것 아닐까? 여성을 인간이 아니라 여성이라는 범주 안에서만 파악하려는 실체는 누구인가? 현대 여성은 왜 현대 남성이 아니라 과거 여성과 비교되어야 하는가?

밤낮 자식들 인생을 위해 기도하고, 농사일에 뼈가 휜 우리의 할머니들은 종종 오늘날의 젊은 여성과 비교된다. 애를 안 낳거나 노동하지 않는 여자에 대한 적대감, 혹은 애를 낳고도 카페'나' 가서 수다 떨고, 소비'나' 하고, 맘 카페'나' 들락거리는 '요즘 여자'들에 대한 혐오는 '고생을 해야 진짜 엄마'라는 이데올로기의 또 다른 변용일 뿐이다. 그리고 이때 사용되는 이미지가 바로 기억되고 싶은 대로 조작되고 박제된 할머니 신화다.

　　이제 손자들이 말하는 할머니에 대한 언설은 현대 여성뿐만 아니라 그들의 할머니에 대한 모욕임을 깨달아야 한다. 할머니의 인생에 대해 왈가왈부해도 된다는 일종의 철없음은 곧 오만함의 다른 얼굴이다. 아들·손자들이 갖고 있는 어머니·할머니에 대한 뿌리 깊은 우월함이다. 일 년 내내 논밭에서 일하고, 집에 돌아와서는 부엌을 떠나지 못했던, 허리 굽고 주름 깊은 불쌍한 우리들의 할머니는 대체 누구인가?

출산과 미디어 담론

○ 저출산은 누구의 책임일까?

미디어는 저출산이라는 언설을 점유하고, 저출산 자체를 이미 '문제'로 규정하는 상징 권력이다. 저출산이 심각한 문제라는 프레임은 국가적 입장에서의 상황 인식을 마치 보편적 진리인 것처럼 둔갑시킨다. 그 결과 일상생활의 가장 친숙한 영역으로 이 의식들이 침투하여 개인의 신체 관리 권력으로 작동하게 되었다. 사회적으로도 그렇다. 출산을 둘러싼 다양한 의제를 분석하는 대신 오직 '저'출산에만 눈을 돌리게 만든다. 그중 특히 미디어를 통해 확대·재생산되는 '저출산' 담론은 '결혼=출산'만을 '정상'으로 인지할 때 발생하는 질 낮은 사고이자 무언의 폭력이다.

인구 통제와 저출산 담론은 흔히 부정적 언설을 통해 구축된다. 미디어를 통해 전파되는 다음 표현들을 보자. 하나같이 극단적이고 과격한 어휘들로 이루어져 있는데, 이야말로 저출산을 이미 '큰 문제'로 전제했다는 뜻 아닐까?

＊ 저출산 쇼크
＊ 저출산 인구 정책과 저출산 대책
＊ 저출산 문제 해결책과 해법
＊ 출산 지원책 제시

* 국가 비상상황

* 출산율 추락

* 늙은 국가에는 미래가 없다

* 저출산으로 국가 몰락

* 출산율 세계 꼴찌

* 제발 아이를 낳아주세요

* 국가가 키워줄게요

* 국가가 중매 주선

* 아이를 더 낳기 위해 정부가 팔 걷었다

출산을 정상과 표준으로 규정하는 미디어권력은 비출산이나 저출산 현상에 대해 사회적 질서를 흔들고 국가 규준을 어기는 변칙 행위 혹은 도발, 저항 행위로 정의하는 효과를 생산해낸다. 그 결과 '출산 행위'를 애국으로 연결하는 이상한 논리가 성립된다.

그러나 저출산이 정말 '문제'인지, 누구에게 '문제'인지, 문제라 하더라도 현재 미디어에서 묘사되는 것처럼 '쇼크, 쇠락, 망국'이란 표현을 적용하는 것이 옳은지 다시 한 번 철저히 따져보아야 한다. 따라서 전제로 받아들인 저출산 언설 자체를 의문시하는 것에서부터 출산 담론은 시작되어야 한다. 즉 출산 담론의 권력성, 언설의 당파성에 대한 문제의식을 먼저 제기해야 한다는 뜻이다. 여성 개인의 신체와 성에 직·간접적으로 교묘하게 작용하는 생체 관리 권력으로서의 미디어 담론이 갖는 영향력에 대한 비판적 인식이 절실하다.

○   어쨌든 그녀는 약자다

얼마 전 23세의 엄마가 아기를 PC방 화장실에서 출산한 뒤 아기를 창문 너머로 던져 숨지게 한 혐의로 체포되었다. 그즈음 공중화장실에서 아이를 출산한 엄마가 범죄자가되었다는 비슷한 기사를 읽은 것 같은데 또 이런 기사가 나왔다. 도돌이표처럼 유사한 내용을 다루는 기사와 이를 비난하는 목소리가 반복된다. 사연을 들어보니 사건의 주인공 엄마에겐 아기의 임신, 출산이 원하지 않았던, 계획되지 못했던 일이었고, 아기를 낳을 당시 아이 아빠에게 전화했으나 도움을받지 못한 것으로 드러났다.

나는 이런 뉴스에 자꾸 눈이 간다. 10대와 20대의 준비되지 않은 임신으로 인해 아기를 유기하고 사망에 이르게 하는 사건들이 빈번하게 발생하고 그 일을 '중범죄'로 다루는 뉴스들 말이다. 이러한 뉴스엔 항상 '모성 부재'에 대한 정죄만 이어진다. '부성'에 대한 언급은 거의 보이지 않는다. 모든 사람이 돌을 던지느라 바쁜 나머지 이 어린 여성들이 열악한 환경에서 혹독한 산고를 홀로 겪느라 아프고 외롭고 막막했을 거라는 사실은 떠올리지 않는다. 나는 감히 말할 수 있다. 산고를 막 마친 여성은 신체적으로나 정신적으로나 '정상'인 상황에 처할 수가 없다. 또한 이유야 어찌되었든 이 여성을 도와준 이들이 아니라면 그 누구도 비난의 돌을 던질 자격이 없다. 그리고 나는 모럴 해저드 어쩌고 하며 떠들썩하게 보도하는 기사에 등장하는 여성, 당신들이 돌을 던지는 그 어린 여성은 '어쨌든 약자'라고 힘주어 말하고 싶다.

그 여성들은 이상화된 '모성 가득한 엄마'가 아니라 절실하게 도움이 필요한 약한 인간일 뿐이다. 힘들면 신생아 죽여도 되는 거냐, 라는 비난에 대한 옹호가 아니다. 혹독한 산고를 통과한 인간이 엄마라는 기능을 제대로 하려면 '혼자'가 아니어야 한다는 점을 알아야 한다는 뜻이다. 그리고 한편으로는 그 여성이 혼자 아기를 낳고 보호자 역할까지 하도록 내몰린 상황이 대체 어떻게 만들어진 것인지도 함께 살펴야 한다는 뜻이다.

○   유쾌하지 않은 농담

　　미디어 담론에서 저출산 이슈가 국가적 인구 문제나 자원 문제로 등장하면서 저출산에 대한 대책 역시 부동산, 경제, 보건 정책 등 넓은 영역에서 제시되었다. 인문학자들 역시 이 현상을 지나칠 수 없었는지 저마다 대책을 내놓기도 한다. 고미숙의 『바보야, 문제는 돈이 아니라니까』에 나오는 「저출산, 고령화에 대한 유쾌한 상상력」을 부분적으로 보자.

　　　지성의 향연을 원하는 이들은 대학을 가고 나머지는 직업학교를 가면 된다. 그렇게만 되어도 10대와 20대가 출산의 주체가 될 수 있다. 그다음엔 미혼모, 혹은 비혼 자녀를 적극 우대해야 한다. (……) 앞으로 인구절벽이 점점 심화되면 10대들에게 제발 아이만 낳아달라고 간청하는 때가 올지도 모른다. (……) 여고생들에게 일단 아이부터 낳고 학교를 오라고 한다든가, 혹은 대학을 가려면 아이 둘은 낳아야 한다든가.

　　나아가 그는 이렇게 덧붙였다. "인문학 강연장에서 이런 아이디어를 내놓으면 다들 손뼉을 치며 좋아한다. 통념이 전복되는 데서 오는 쾌감 때문이리라."고 말이다. 고미숙은 통념의 전복, 유쾌한 유머의 구사에 자부심을 갖고 있나 보다. 그런데 저출산 문제 인식의 프레임 자체를 뒤집지는 못한다. 그가 말하는 통념 전복이란 기껏해야 저출산 문제 해결책에 대한 전복인데, 내가 보기엔 젠더 감수성 수준이 열악하여 자신이 내놓은 해결책이 누군가에는 폭력임을 인식하지 못하는 것 같다.

유머라는 것은 그냥 웃기면 되는 것이 아니다. 유머는 누구를 대상으로 하느냐, 그 유머에 누가 웃느냐에 따라 매우 정치적인 문제가 된다. 유머에 웃는 사람은 누구며, 웃지 않는 이들은 누구인가? 나는 고미숙의 유머가 전혀 유쾌하지도 통쾌하지도 않다. 유머의 대상이 되는 당사자인 여고생들도 고미숙의 유머를 듣고 웃으며 좋아할까? 내가 아는 여고생들은 이 책을 읽고 분노했다.

그는 저출산에 대한 대책이라는 것을 '농담'이라 말하면서 강연도 하고 여기저기에 '쓰기'까지 했다. 이쯤 되면 고미숙의 발상이나 발언은 농담이 아니라 진심인 것 같다. 그런데 그는 왜 굳이 '농담'이라는 표현을 쓸까?

우리는 보통 주장은 하고 싶지만 그 발언에 대해 책임지기는 싫을 때 '농담'이라는 아리송한 표현을 쓴다. 농담은 또한 폭력의 가해자들이 주로 쓰는 수법이다. "농담이었어,

악의는 없었다."라는 책임 회피와 "왜 농담에 죽자고 달려 드냐?"고 하면서 반응하는 이의 예민함을 탓하는 분위기, 상처를 상대방의 탓으로 돌리는 교묘한 수작일 뿐이다. 오죽하면 『내가 예민한 게 아니라 네가 너무한 거야』라는 책까지 나왔을까?

내 눈에는 농담이라는 프레임이 사안을 가볍게 만들어 거기에 대항조차 하지 못하게 하려는 음흉한 전략으로 보인다. 『선량한 차별주의자』에서 저자는 몇 년 전 한 연예인이 '흑인 분장'을 해서 웃음을 유도한 사건을 예로 들면서 농담이 얼마나 정치적인 발언인지 지적한다. 우리 모두는 '흑인 비하'에 생각 없이 웃지만, 그 농담에 '흑인'은 결코 웃지 않을 것이기 때문이다. 누군가를 짓밟고 만들어진 농담은 그래서 더 예민하고 집요하게 '죽자고 매달려' 비판해야 한다.

농담은 쉽지도 자연스럽지도 않다. 철저히 권력적이다. 학생은 교사에게, 직원은 사장에게, 교사는 교장에게 무심코 가볍게 농담하지 않는다. 자신이 한 말을 '농담'이라 규정할 수 있는 권력과 상대방의 눈치를 보지 않아도 되는 지위가 있지 않는 한 농담은 결코 성립하지 않기 때문이다. 고미숙이 여고생을 상대로 농담할 수 있다는 사실 자체가 여고생이 얼마나 만만한 위치에 있는지를 역설적으로 드러낸다. 통념의 전복은 그냥 막 없애고, 뒤집고 하는 게 아니라 반드시 현실에 근거한, 실현 가능한 전복이어야 한다. 또한, 약자를 짓밟고 올라서는 것이 아니어야 한다. 글쓰기 윤리에서도 마찬가지 아닐까?

어떤,
매우 잔인한 상상력에 대하여

○   지성인이라는 당신이 한 말에 나는 아프다

대학 교육이 기본이 된 21세기 한국에서 10대가 출산의 주체가 되는 일은 결코 오지 않을 것이다. 그럼에도 10대가 애를 낳고, 여고생이 출산하도록 유도해야 한다는 발상은 여고생에 대한 폭력일 따름이다. 내가 고미숙의 발언을 불편하게 느꼈던 이유는 대학 교육이 기본이 된 한국에서 현재 10대의 출산이 지니는 '상징적 의미' 때문이다.

대학 졸업 이후 취직을 하고 안정되는 시기를 30대 중반으로 잡는 이 시대에, 40대 초산 연령이 역대급으로 증가하는 이 시기에 '10대 여성의 출산'이란 흔히 의도치 않은 임신, 사고 친 임신, 불우한 가정환경, 제대로 학업이 이루어지지 않은 상태, 불량 청소년…… 같은 이미지와 함께 온다. 아니, '10대 출산'이라는 말을 듣는 순간 우리의 뇌는 이런 단어들을 자동적으로 떠올리고 그 대상을 규정한다. 여성의 출산에 있어서 초산 연령은 이미 계급, 지위, 학력 등에 있어서 하나의 은유와 상징이 되었기 때문이다.

현재 여성들의 비혼, 비출산 현상은 하나의 '결과'로서 드러난 것인데, 이에 대한 사회적 고찰 없이 강제적으로 국가에서 여성의 출산권에 개입할 수 있다는, 혹은 개입해도 된다는 발상 자체가 고미숙의 젠더 감수성 수준을 보여주는 것 아닐까? 또 하나, 아이를 출산하는 일이 지성의 향연에 관심이 없는 사람들이 주로 맡게 될 임무가 된다는 모호한 이야기는 대체 무슨 뜻일까? 이런 위험한 발언 자체로 그는 이미 출산이 배움이 부족한 사람이 하는 일이라는 인식을 강화하고 말았다.

10대와 20대가 출산의 주체가 되면 저출산은 표면적으로 해결되는 것처럼 보일 것이다. 그렇다면 현실에서는 어떤 일이 일어날까?『열등한 성』의 저자는 이렇게 말한다.

이제 막 태어난 아기를 살해하는 범인은 10대 엄마인 경우가 많다. 특히 결혼을 하지 않았고, 임신을 탐탁지 않게 생각하는 부모와 함께 살고 있는 10대가 많다. 크레이그는 이들이 정신병자이거나 비정상이어서가 아니라 처해 있는 상황이 절박해서 아기를 살해한다고 말한다 (p.207).

공중화장실에서 낳은 아기를 유기·살해하는 이들이 모성이 없고, 생명을 존중하지 못하고, 특별히 더 비인간적이라서가 아니다. 나는 10대 여고생들의 출산을 '국가적' 차원에서만 생각할 뿐 한 여성 개인이 감당해야 할 인생의 무게로 여기지 못하는 고미숙의 여성 혐오에 가까운 발상에 분노했다. 출산 문제 해결을 사회 공학적 관점에서 접근하는 것은 철저히 파시즘적이다.

또한 그녀는 자꾸 아이를 키워줄 대상으로 노인들을 언급한다. 고미숙은 국가 차원에서 아이를 키워줄 방안으로 은퇴 연령에 있는 노년 인구를 대체 노동력으로 활용할 것을 제안한다. 이 역시 '노인'을 잉여 인력 집단으로 파악하는 발상으로 노년에도 '여전히' 라이프스타일과 개성이 존재한다는 것을 인정하지 않는 진부한 통념적 사고의 발로다. 마을 노인들을 개별성을 가진 개인으로 보지 못하고, 할 일 없이 늙어가는 존재로 파악했기에 '노인이 애를 키워줄 것'이라는 발상이 가능하지 않았을까?

나는 흔히 말하는 '노년의 경험과 지혜' '청년의 열정' 따위는 없다고 생각한다. 모든 청년에게 열정을 강요할 수 없듯이 모든 노인들이 지혜와 포용력을 갖추고 자손을 돌볼 처지에 있는 것은 아니다. '열정 페이'라는 말이 청년층에게 또 하나의 억압이듯 '경험 페이'는 노년층에게 억압이고 굴레다.

출산 직후의 영아는 타인에게 철저히 의존하는 '생명'일 수밖에 없다. 집중력 있는 돌봄과 관심을 필요로 한다. 아이를 엄마만 키워야 한다는 뜻이 아니다. 아이를 마치 여고생이 낳기만 하면 남들이 키워줄 수 있을 것처럼 말하는 방식의 후진성, 그리고 현실성의 결핍을 지적하는 이야기다. "아이를 낳으면 애는 알아서 우주가 키워준다."는 고미숙의 발상은 현대인의 일상을 반영하지 못한 시대착오적 사고다. 육아가 그렇게 호락호락했다면 애초에 '저출산' 현상이 생겼을 리 만무하지 않은가? 출산과 양육이 여성의 사회 진출에 불리하게 적용되는 것 또한 여전히 뜨거운 이슈임을 우리는 이미 〈82년생 김지영〉에서 경험한 바 있다. 『열등한 성』은 계속해서 이렇게 이야기한다.

> 18세기 프랑스의 도시에서는 최대 95퍼센트에 달하는 엄마들이 낯선 사람들에게 자녀를 돌보게 했다. 이처럼 낯선 사람에게 아기를 맡기는 행동이 아이의 생존율을 떨어뜨린다는 사실을 엄마들은 당연히 알고 있었을 것이나. 그러나 사회가 이를 지시했고 이들은 이 지시를 따랐다(p.207).

고미숙은 "노인은 음의 기운을 갖고 있고, 아기는 양의 기운을 갖고 있어 서로 잘 어울린다."면서 동양의 사주명리 사상을 들이댄다. 음양이 어울리는 것이 자연스러운 자연의 이치라는 것이다. 그러나 현재 우리는 얼마나 '자연스럽게' 살고 있는가? 인간은 자연의 일부이나 이미 인간 삶의 방식은 자연이라는 잣대를 들이대기에 너무 멀리 와 있다. '자연'이라는 말 자체도 이미 권력화되었다. 따라서 우리는 늘 무엇을 '자연'스럽다고 정의 내릴지 조심해야 한다. "여자는 애를 낳고, 엄마가 되어 애를 돌보는 것이 자연의 이치다."라는 말은 이데올로기에 불과하다. 세상에 '자연스러운 것'은 없다. 그저 누군가의 희생을 밟고 수없이 반복되어온 일만 있을 뿐이다.

"지성을 갈고닦기 싫은 사람은 대학에 가지 말라."는 언급도 나는 너무나 불편하다. 우리나라처럼 대학을 나오지 않은 사람에게 알게 모르게 불평등이 가해지는 사회에서, 몸으로 하는 모든 육체노동에 대한 푸대접이 심한 곳에서, 산업현장에서 일하는 사람들이 목숨을 담보로 해야 하는 취약한 환경에서 어떻게 그런 말이 나올까? 육체노동 직업에 대한 인식과 처우를 개선하지 않은 채 모든 걸 개인의 무능과 선택인 것처럼 몰아세우는 것은 엄청난 폭력이다. 따라서 나는 현실에 근거하지 않은 그녀의 상상력이 유쾌하거나 통쾌하지 않았다. 약자에 대한 잔인한 오만함만을 느꼈을 뿐이다.

나는 고미숙 선생이 세상, 특히 여성을 계몽하려 하기 전에 오늘날 젠더 문제라고 하는 뜨거운 이슈에 눈을 감지 않았으면 좋겠다. 젠더 문제에 대한 무지를 권력으로 오용하지 말았으면 한다.

○   여성이 생명의 거룩함을 잊었다고?

고미숙은 "애를 키우는 게 얼마나 창조적인 일인데? 애가 하루하루 자라는 것을 보는 것만큼 재밌고, 그렇게 큰 공부가 되는 일이 또 어디 있어?"라고 말한다. 혹은 "여성은 애를 낳는 것 자체로 우주의 가치창조에 기여하기에 따로 지성인이 될 필요가 없다."고 말하기도 했다. 이 발언은 슐라미스 파이어스톤의 오래된 고전 『성의 변증법』에 나온 말을 떠올리게 한다. 바로 "여보, 애를 낳는 것만큼 창의적인 일이 어디 있소? 그러니, 애 낳고 기르며 집 안에 있으시오." 하는 것 말이다.

그러나 이와 같은 언설은 뿌리깊은 여성 불평등의 원흉으로 지목받아 왔다. 그래서일까? 고미숙이 늘 텍스트로 내세우는 사람은 남성이다(연암 박지원, 공자, 루쉰, 니체). 그리고 늘 길 위로 나설 것을 설파한다. 그러나 '길'이라는 실제 공간이자 상징적 개념은 힘이 있는 자에게만 특히 안전하다. 권력자만이 안심하고 '진리'에 몰두할 수 있는 그런 공간이다. 실

179

제로 '길 위에 나선다.'는 것은 누구에게나 가능한 일이 아니고, 누구에게나 같은 의미로 열려 있는 공간도 아니다.

고미숙은 아이를 키우며 느끼는 엄마의 중압감, 숨 막힐 것 같은 책임감, 자신의 삶과 자유를 일정기간 담보로 잡혀야 하는 현실, 자아와 엄마됨의 충돌과 갈등은 결코 언급하지 않는다. 육아 기간 동안 산후우울증을 겪지 않은 이가 드물다는 사실이 무엇을 의미할까? 이들이 육아의 기쁨을 몰라서 우울증을 겪는 것일까? 그렇지 않다. 문제는 육아의 기쁨과 고단함이 결코 분리되지 않는다는 복잡성에 있다. 여성들이 출산을 기피하는 것은 생명의 거룩함을 잊었기 때문이 아니라 누구보다도 생명의 거룩함을 잘 알기 때문이다.

직접 경험을 강조하는 고미숙이 자신은 출산을 통해 엄마가 되어본 경험이 없는데도 주변의 '아줌마 학인'을 보며 엄마들을 비판하는 것 또한 오만이다. 왜냐하면 진짜 친정엄마는 "결혼할 필요 없다. 결혼하더라도 애는 낳지 마라."고 말하기 때문이다. 이것이 바로 친정엄마가 딸에게 주는 마음에서 우러나온 지혜의 정수다.

"애는 자기 먹을 것은 가지고 태어난다."는 말은 옛말이다. 요즘의 현실은 다르다. 대학을 포기하고 실습 교육에 나간 고등학생들이 '안전사고'를 당하는 세상이다. 택배 상하차

분류 알바를 하다가 감전되고, 배달 알바를 하다가 오토바이 사고를 당하고, 산업시설을 점검하다가 사고를 당하는 세상 아닌가? 여전히 경제적으로 가난한 아이들이 가장 취약한 환경에서 일을 하며 어른들은 그들을 지켜주지 못하고 일부는 쉽게 범죄자가 되거나 피해자가 되는 세상이다. 사회적으로 계급적으로 불리한 위치에 있는 아이들이 겪는 혹독한 노동과 취업 현실, 계급 이동을 향한 사다리가 무너진 '신 음서제'가 판치는 현실에서 사회적 인식 없이 모든 것을 개인의 노력과 의지 문제로 환원하는 것이야말로 '낭만적 발상'에 '꼰대들의 전형적 사고'를 접목한 것뿐이다.

그래서일까? 그녀는 늘 무기력해 보이는 청년들을 '좀비' 같다며 맹렬하게 비난한다. 청년을 위한 프로젝트를 한다는 그녀가 오히려 약자로 대변되는 여성, 청년을 무의식적으로 혐오하는 것이다. 혐오만연 시대의 주류적 목소리를 낸다(아마 그녀는 여성은 약자가 아니며, 청년은 열정이 있어 어떤 어려움도 뚫고나갈 힘이 있다고 주장할 것이다).

출산에는 생각보다 많은 비용이 든다. 임신 순간부터 출산 이후까지의 연속성을 고려할 때, 챙겨먹어야 하는 영양제, 병원 진료비, 고위험 산모로 분리되는 경우 추가되는 각종 검사와 진단비에 따라 달라지는 식단, 출산 시 병원비, 치료비, 그리고 해체된 몸을 보호하기 위한 각종 약(나의 경우는 녹용이 들어간 한약을 두 달 먹었다)에, 병원비만 대략 500만 원(자연주의 출산), 산후조리 도우미 고용 200만 원 등이 소요된다. 이후, 양육하며 발생하는 비용 또한 만만치 않다. 거기에는 엄마의 경력 단절이라는 기회비용까지 들어간다. 주로 휴가를 받거나 휴직해서 아기를 돌보는 역할을 엄마들이 떠맡는데 그러려면 기존에 하던 일을 중단해야 한다. 이 같은 복잡한 현실에 대한 고려 없이 여고생들에게 아이를 낳게 만들겠다는 농담이 내겐 절대 유쾌하지 않다.

○   저출산 현상의 원흉

출산을 독려하기 위해, 국가적으로 출산을 여성의 문제로 한정짓고, 여성의 직장을 모성 친화적 환경으로 바꾸려는 노력들은 결국 여성을 이중으로 옭아매는 구실이 된다(조직이 이렇게까지 배려하는데 애 안 낳을래?). 큰 맥락에서는 여성이 일하게 하고 자녀도 양육하게 하고 싶지만, 그래서 엄마들이 직장을 다니며 양육하는 걸 가능하게 하려고 노력하지만, 실제 현실의 개인에게 이것은 결코 도래하지 않을 현실이다. 출산 이후 복직하기는 얼마나 어려우며, 실제 법이나 제도가 보장한 정책의 혜택을 모두 누릴 수 있는 직장인이 얼마나 될까? 또한, "세 자녀 남성에게 병역 혜택을 줘야 한다."는 충남 여성정책개발원의 '신박한' 발상은 어떠한가? 이 역시 출산과 군대를 등가로 비교하며 결국 남성과 여성이 각기 군대 복무와 출산으로 국가에 기여해야 한다는 전근대적인 발상을 고스란히 드러낸 꼴 아닌가? 출산의 주체는 여성인데, 왜 남성에게 병역 혜택을 줘야 하는지도 모르겠지만 말이다.

저마다 다양한 저출산 극복 대책을 내놓는다. 모두 다 자신이 누구인지 모르고 설치는 '지식인'들의 합작품이다. 나혜석의 고민과 고통이 현재에도 크게 다를 바가 없는데도 "여성이 살기 좋은 시대가 되었다."고 믿으며 현실에 눈감은 자들과 의사소통을 하고, 함께 살아가야 하는 고단함이 바로 저출산의 원흉 아닐까? 저출산이 과연 누구를 위해 극복되어야 하는지 사회적인 답을 찾기 전에, 여성의 마음과 감정을 움직이지 않는 강압이나 계몽, 훈계, 윽박지르기, 속임수, 허울뿐인 정책 등으로는 '저출산'을 막을 수 없다는 점을 명심해야 할 것이다.

출산 테크놀로지와
여성 인권

『성의 변증법』을 쓴 슐라미스 파이어스톤은 임신이 신체의 기형 상태이며 출산은 야만이라고 정의했다. '출산이 자연'이라고 우기는 기득권의 게으른 발상에 일침을 가하는 전복적 사유였다. 그는 저서에서 출산의 기술을 발달시키고, 궁극적으로 출산을 신체가 직접 감당해야 하는 일에서 해방시키는 길만이 여성의 평등을 실현할 수 있다고 단언했다. 신기하게도 요즘 그런 말을 하는 이들이 있다. 과학이 이렇게 발달했는데 왜 임신을 여성이 꼭 해야 하는 거냐, 그렇게 출산이 중요하면 인공자궁을 개발하면 어떤가, 하는 논의 등이다. 내게는 매우 신선하고도 놀라운 인식이다.

그러나 오늘날 출산 관련 의료 기술이 발달한 것처럼 보이는 현실은 역설적으로 출산이 '노력하면 가능한 것'이 됐기에 여성을 다시 출산에 '묶어두는' 아이러니를 발생시켰다. 소위 '시험관 아기'라 불리는 고도로 발달된 출산 테크놀로지는 일면 불임여성을 치료하고 임신의 가능성을 확대해주는 긍정적 영향도 있지만, 출산 테크놀로지가 적용되는 의료의 실체를 알고 보면 이것이 여성에게는 더욱더 불합리한 의료 체계임을 확인하게 된다.

먼저, 인공수정 과정은 철저히 병원마다의 전문성과 노

하우라는 측면에 입각해서 시술 과정 중에 발생하는 의료 정보를 철저히 통제한다. 각종 검사를 한 뒤에도 결과에 대한 정보 통제력은 전적으로 의사에게 있다. 의사는 환자가 자신의 신체와 병에 대해 많이 알고 있는 것을 의사 권력에 대한 위협으로 간주하여 검사와 진단 과정에서 의사 결정권과 취득한 정보를 독점한다. 당사자인 불임 여성들은 자신의 몸에서 일어나는 일을 충분히 알지 못하고 신체에 대한 지식 또한 충분히 갖고 있지 못하기에 전적으로 의사의 결정에 순종할 수밖에 없다. 의료진에 대한 불만이 있어도 의사를 바꾸거나 병원을 바꾸는 것 외에 여성이 고를 수 있는 선택지는 없다. 만에 하나 병원을 바꿀 경우, 모든 검사를 반복해야 하므로 비용과 번거로움이 배가된다. 이 또한 모두 환자의 몫이다. 따라서 환자들은 이 병원 저 병원 다니면서 시간과 돈을 낭비하는 것보다 불만족스럽더라도 다니던 병원에서 의사의 심기를 가급적 건드리지 않고 수동적으로 의사의 통제에 따르게 된다.

불임 여성 당사자를 소외시키는 악순환은 이렇게 고착된다. 이 과정에서 여성은 권력자로서의 의사에게 '답답함'도 느끼고, 질문에도 잘 대답해주지 않는 행태, 무신경한 절차 등에 감정적으로 상처를 입는다. 결국 인공수정 의료는 여성의 소외, 물상화, 비인격화, 상실로 인한 정신적 상처 등을 동반하게 된다. 여성의 임신과 출산 과정을 전적으로 의료가 통제하게 될 때, 여성의 경험은 부정적일 수밖에 없다.

고령 임산부가 늘어나 시험관 아기 시술이 계속 증가함에도 불구하고 여전히 여성의 임신과 출산은 의학, 간호학, 보건학, 법학의 범주를 넘지 못하는 둔감한 사회이다. 이런 사회는 출산 테크놀로지가 어떻게 여성에게 고통스러운 경험, 즉 강간에 준하는 내상을 남기는 경험을 겪게 하며 비인격화의 정점에 달하는 경험을 제공하는지에 대한 문제의식마저 사라지게 만든다.

출산 기술의 의료화가 여성의 임신에 도움이 되고 유용할 것이라는 순진한 낙관적 전망은 여성이 느끼는 고통과 감정의 문제를 은폐시킨다. 따라서 우리는 여성의 해방에 기여할 것이라는 기대와 달리 출산 기술이 발달할수록 역설적으로 여성이 억압되는 메커니즘을 세심하게 살펴볼 필요가 있다.

○   여성의 일부는 원래 불임이다

'불임'의 의학적 정의는 결혼한 커플이 정상적 관계를

가졌을 때, 1년 이내 임신이 되지 않는 것을 말한다. 불임 예방에 초점을 맞추지 않고 '환자'가 된 여성의 의학적 치료에만 집중하는 것은 불임 클리닉에 대한 수요를 증가시킬 뿐 아니라 불임 여성의 절박한 사정을 이용해 그들을 지배하고 착취하는 구조를 만들게 된다. 그리고 불임에 영향을 미칠 수 있는 심리적 요소, 사회적 요소 등 종합적인 환경 요인을 간과하게 만든다.

의료 전문가들이 정작 여성이 겪는 모든 고통에 관심이 없다는 것은 여성의 불임을 사회적으로 혹은 정책적으로만 논의할 뿐 불임 증가 요인에 대해 다각도로 연구하지 않는 불온한 현실을 잘 보여준다. 여성의 불임을 '결과'로만 치부하여 걸핏하면 시험관 시술을 강조하는 분위기도 마찬가지다. 이 시술은 불임을 극복하도록 도와주는 일종의 기술일 뿐 만능 해결사는 아니다. 따라서 그 성격을 정확하게 안내하여 산부인과 불임 전문의를 맹신하거나 의존하게 만드는 일을 줄여나가야 한다.

나는 '불임'이라는 언설 자체도 정치적이라고 생각한다. 자궁을 가진 모든 여성이 출산을 해야 하는 것도, 할 수 있는 것도 아니다. 여성의 일부는 원래 불임이다. 불임을 자연스러운 현상으로 받아들일 것인지, '질병'으로 받아들일지의 문제는 의료의 영역이 아니라 가치관의 문제이자 철학의 문제다. 모든 여성이 꼭 아이를 낳아야 할 의무가 없음을 받아들일 때, 비로소 '불임'이라는 말도 없어질 것이다.

'비혼'이라는 표현처럼 '비임'이라는 말을 쓰면 어떨까 생각해본다. '불임'이라는 언설 자체가 임신이 정상이라는 것을 전제하기 때문이다. 굳이 불임이라는 낙인 같은 표현을 쓸 이유가 있을까? 『고고학 자료를 통해 살펴본 여성의 출산』에 따르면 출산 중 사망한 여성과 태아의 인골 자료를 살펴볼 때 과거에 임신을 경험했던 여성들의 수가 현재 우리가 막연히 생각하는 것보다 훨씬 적었을 가능성이 있다고 한다. 이는 출산의 보편성이나 빈도에 관한 기존의 시각에 문제를 제기하는 부분이다. 출산이 실제 얼마나 빈번한 경험이었는지에 대한 비판적 시각은 오늘날의 현대 여성에게 출산이 가지고 있는 의미에 대해서 재고할 기회를 제공한다.

시험관 시술의 존립은 자연 임신이 되지 않는 여성에겐 새로운 족쇄다. 시험관 수술을 시도하지 않겠다고 하는 여성에게 '최선을 다해 끝까지 노력해보지 않고 포기하는 여성'이라는 올가미를 씌우기 때문이다. 더구나 한국 사회처럼 가족주의가 짙은 곳에서 여성들은 시댁이나 남편의 은근한 임신 종용 혹은 무언의 압박을 견뎌내기 어렵다. 거절할 때마다 죄책감이나 죄의식에 사로잡혀야 하고, 시험관 시술에 응할 경우 정확히 언제까지 몇 번이나 시도해야 하는지 한계도 분명하지 않다. 당사자인 여성은 그 과정에서 심리적으로 체력적으로 불안과 초조를 경험하면서 죄의식에 시달려야 한다. 그 마음은 과연 어떨까?

○　여성에게 폭력적인 출산 테크놀로지

이처럼 발달된 출산 테크놀로지는 여성을 해방시키기보다 오히려 자연 불임인 여성을 더 시달리게 만든다. 시간이 지날수록 의료 권력에 의존하거나 휘둘리는 '소비자'로 만들어간다. 이때 미디어의 역할은 아주 지대하다. 시험관 아기의 성공 사례를 대대적으로 보도하면서 다른 불임 커플들에게 희망을 준다. 하지만 이런 기사는 중립적이지 않다. 미디어는 시험관 아기 시술을 잘 활용하면 아기를 출산할 수 있을 거라는 환상만 심어줄 뿐 실제로는 정확한 성공률을 알려주지 않는다. 그러니 당사자들은 자신의 임신 성공 확률을 가늠할 수 없다. 물론 불임 전문의들은 "시험관 아기로 아이를 낳을 수 있는 비율은 그리 높지 않으며, 보통 일곱 번 정도 시행할 때 90퍼센트 정도가 임신이 되니, 그 정도까지는 해보라."고 권유한다. 결국 임신을 간절히 원하는 여성은 이용 과정에 신체적, 정신적, 경제적인 부담이 상당히 따름에도 불구하고 임신이 될 때까지 시도하게 된다.

의료 기술을 통한 불임 치료 과정의 가장 큰 문제점은 의료진이 시술 과정 중에 여성이 느끼는 고통에 대해 무신경하다는 것이다. 불임 사실을 확인하려면 각종 검사를 받아야 하는데 여성과 남성 가운데 남성의 검사가 훨씬 간단하고 부담이 없는데도 의료진은 남성의 감정(수치심이나 남성성의 훼손)을 보호한다는 명목 아래 먼저 여성에게 각종 검사를 모두 시행한 뒤 이상이 없으면 남성 검사를 진행한다. 무슨 근거로 여성의 검사를 먼저 진행하는 것일까? 이에 대한 논리적, 합리적 타당성이 전혀 없음에도 불구하고 여성보다 남성을 먼저 배려하는 현실엔 어떤 의미가 있을까? 또한 여성에 대한 검사가 남성의 검사보다 훨씬 복잡하고 번거로운데도(나팔관 검사나 자궁내막 검사는 부분 마취를 해야 한다), 이를 대수롭지 않게 이야기하면서 검사 당사자인 여성으로 하여금 충분히 준비하지 못하게 만드는 이유는 무엇일까?

한 여성은 시술 전 처치가 부분 마취라는 말에 보호자(남편)를 동반하지 않고 자궁내막 검사를 했다가 쇼크가 와서 구토를 하고 쓰러졌지만 보호자가 없어 혼자 수납하고, 계단을 오르내리며 병원을 오가고, 대기실에 혼자 누워 서러움에 울었던 경험담을 들려주었다. 굉장한 고통을 수반하는 검사임에도 불구하고 의료진에게 받은 정보가 없었던 탓이다. 시험관 아기 시술을 시도했던 여성들은 하나같이 이 과정이 너무나 괴롭고 힘들었다고 말한다. 그들의 표현을 빌자면 '시험관 시술은 신체와 정신이 너덜너덜해지는 진짜 못할 짓'이라는 것이다. 또 한 여성은 "시험관 아기요? 힘들 줄 모르고 덤볐지요. 이렇게 힘든 줄 알았으면 더 고민했을 텐데. 이것이 마지막이라고 생각하니까 해야 되나 보다 해서 시작했어요. 저는 피 뽑다가 마지막에는 막 쓰러지고 그랬어요. 피가 모자라서. 웬 피는 그렇게 많이 뽑는지……."

시술 과정의 일부인 질 초음파는 특히 여성의 수치심과 모욕감을 가중시킨다. 경험자들은 이구동성으로 "질 초음파는 여자들의 자존심을 상하게 하는 것 같아. 그런 상태에서 삽입하니까 굉장히 안 좋더라. 인간이 할 짓이 못 되는 것 같아."라고 말한다. 또한 시술 과정 중 과배란 유도제를 써서 인위적으로 난소를 자극하는 것은 여성의 몸에 큰 부담을 준다. 그런데 의료진은 '오직 임신'을 외치며 여성의 심리적 고통이나 몸에 대한 잠재적 위협은 간과한다. 여성이 당연히 감당해야 할 것으로 여긴다.

의료 전문가들은 환자들이 시험관 아기 시술을 힘들다고 느낄 수 있음을 인정하지만, 효율적 임신을 위해서는 어쩔 수 없다고 일갈한다. 결국, 기술을 이용한다는 것은 여성의 신체를 물상화하는 데 동의한다는 뜻과 조금도 다르지 않다. 그리고 시험관 아기 시술 과정에서 느끼는 여성들의 심리적 부담감은 오롯이 개인의 몫으로 외롭게 남는다. 혹시나 하는 불안감, 초조함뿐 아니라 시술이 실패했을 때의 허탈함과 상실감, 우울감도 그렇다.

그런데 문제는 또 있다. 시술 과정 동안 환자는 수정된 배아가 몇 개였는지, 다 이식되었는지, 폐기된 것이 확실한지, 배양액이 무엇이었는지 등에 대해 전혀 정보를 받지 못한다. 따라서 시술이 실패했을 경우 정확한 원인이 무엇이었는지도 파악할 수 없게 된다.

이처럼 의료진이 자기들의 기술에 대한 지식을 암호화하고 신비화하는 과정에서 임신의 실패는 개별 여성 환자의 몸에 이상이 있는 탓으로 결론이 난다. 하지만 여성 환자는 어떤 질문도, 항의도, 문제 제기도, 요구도 개진할 수 없다. 의료진들은 검사를 할 때는 객관적으로 증명할 수 있는 '수치'가 중요함을 내세우다가도 정작 환자가 정확한 정보를 요구할 때면 "여성의 몸은 저마다 독특하고 개별적이며 무한한 신비에 쌓여 있어 모두 알기 어렵다."는 모순되고 이중적인 태도를 보이는 탓이다. 예를 들어 "시험관은 선생님이 그러시는데 기술이 50퍼센트, 운이 50퍼센트라고 해요." "저도 답답해서 왜 자꾸 실패하는지 물었더니 선생님이 자기도 모르겠대요." 하는 식이다. 각종 검사를 유도할 때는 '수치'가 중요한 것처럼 말하지만 정작 그 수치들로 할 수 있는 것이 없다는 게 가장 큰 아이러니 아닐까?

물론 의료 기술을 통해 불임이 완전하게 해결되는 방안이 마련된다고 해도 모든 여성이 임신과 출산의 압박으로부터 자유로울 수 있는 것은 아니다. '좋은 기술'을 두고도 임신하지 않는 여성은 '이기적인 혹은 게으른' 여성이라는 낙인을 얻게 될 테니까. 생물학적으로 모든 여성이 임신이 가능하게 되는 날이 오게 되면, 아기를 낳지 않는 여성에 대한 비난은 더욱 거세어질 전망이다. 어떤 여성도 아이가 없이 사는 것이 용납되지 않는 사회적 분위기가 형성된다면 여성들은 더욱 모성의 역할에 고착되어 의료 권력이 여성의 자기 결정권을 폭력적으로 침해하게 된다 해도 저항할 수 없지 않을까? 미셸 푸코의 말대로 '의료 권력이 개인의 일상생활에 밀접히 영향을 끼쳐 생체 관리 권력으로서 자리매김하게 될 것'이다.

다섯째 날

출산, 의료, 역사

임신과 출산을 둘러싼
의료 역사

오늘날의 출산에는 존엄이랄까 품격이랄까, 진지함이 랄까 인간에 대한 최소한의 존중이랄까, 연민이랄까 혹은 가 장 마지막까지 지켜야 할 인간의 저 깊은 곳에 있는 순수랄 까…… 그 모든 인간을 인간답게 하는 것들이 빠져 있다. 우 리가 지향해야 할 것은 단연코 여성 대중에게 만들어진 이미 지로 각인되는 '행복한 임신, 건강한 출산'이 아니다.

마당을 가로지르는 한 마리 암탉도 알 낳을 때 '까탈' 떠는 것을 인정받는데 과연 인간 여성은 출산 과정에서 인간 의 존엄함을 충분히 보장받고 있을까? 문학평론가 신형철은 『슬픔을 공부하는 슬픔』에서 폭력의 외연을 확장하여 정의한 다. 모든 사건을 섬세하게 대하려는 노력이나 의지 부족이 바 로 폭력이라는 것이다. 한나 아렌트의 '악의 평범성'과도 연 결되는 말이다. 무사유(無思惟)라는 무심함이 누군가에게는 폭력이 된다. 출산 환경에 대한 문제의식이 없다는 것, 출산 과정에서 산모가 겪는 정신적 고통을 응당 겪어야 할 것으로 치부하는 몰지각함이 출산이라는 경험을 트라우마로 만든다. 해결되지 않은 구조적 폭력에 맞서 우리가 목표로 삼아야 할 것은 '탈식민적 출산, 주체적 출산, 인격적 출산'이다.

아직 해부학이 발달하기 이전, 남성에게 없는 신체 장기인 자궁에 대한 정확한 정보는 미약한 수준이었다. 자궁에 대한 의료학적 지식 역시 전혀 '의학'적이지 못했다. 심지어 자궁이 여성의 기분에 따라 움직이며 몸 전체를 돌아다닌다고 여기기도 했다. 남성 중심적 시각에서 자기들 마음에 들지 않는 정신적인 면들, 특히 여자의 우울증이나 남성에 대한 관심, 변덕, 히스테리 등의 원인을 자궁으로 지목하여 이것을 치료하거나 제거하려는 시도가 곧잘 이루어졌다.

남성에게 '없'는 신체기관인 자궁을 소유했다는 이유로 그 소유자인 '여성'에 대해 부정적인 시선을 보여 여성을 정신적·신체적으로 나약하고 불안정하며 열등한 종으로 여겼다. 이러한 시각은 여성의 사회 진출을 막는 중요한 이유 중 하나로 작용했다. 여성의 신체가 사회적으로 중요한 일을 하는 데 적합하지 않다고 판단하게 한 것이다.

여성의 질병은 남자들이 지배하는 의료 체계 안에서 자유롭지 못했으며 남편이나 사회의 기대를 충족시키지 못하는 여성들은 쉽게 '정신적으로 문제 있는' 것으로 분류되어 고문에 가까운 치료를 받았다. 물론 이때의 치료는 요즘처럼 전문가에게 가서 상담을 받거나 약을 처방 받는 게 아니라 여성의 몸을 꽁꽁 포박하여 얼음과 찬물이 가득한 욕조에 가두는 것이었다. 이러한 냉수 치료는 20세기까지도 행해졌는데, 집 안에만 머무는 데 만족하지 못하거나 배움과 교육에 의지를 보이거나 사회나 정치 문제에 관심을 가진 여성들이 주로 미치광이로 여겨졌다. 지나친 공부와 두뇌활동이 여성의 생식기관에 손상을 입혀 생리불순과 히스테리, 신경쇠약을 일으킨다고 오해한 것이다. 더불어 교육받은 여성은 아기를 잘 낳을 수 없다고 생각했는데 공부를 하면 골반의 발달이 지체된다고 믿었기 때문이다.

여성의 출산은 산부인과 의료 역사상 오류의 실험사라 해도 무방할 것이다. 잘못된 의료 지식을 적용하여 수많은 산모들이 안타까운 목숨을 잃었기 때문이다. 1920년까지 미국과 유럽의 병원에서 산욕열로 인한 모성 사망률은 40퍼센트를 훨씬 웃돌았다. 항생제가 보편적으로 사용되기 시작한 1940년대가 되어서야 산욕열로 인한 치사율이 줄어들었을 정도다. 무려 19세기에도 의사들은 제대로 손을 씻지 않고 내진을 했는데 이때 감염이 되어 산욕열이 발생하고 그 결과 많은 산모들이 사망했다는 사실을 인정하려 들지 않았다. 은폐하는 데 급급했으며 모든 잘못을 산모의 긴장과 불안 탓으로 돌렸다. 산모 사망의 원인을 늘 여성의 예민함과 신경과민으로 인한 발작 때문이라고 보고 출산 시 산모의 저체중이 바람직하다는 이유로 인위적으로 피를 뽑아낸 경우에도 의사는 비난을 받지 않았다. 지금 생각하면 말도 안 되는 이유지만 그때는 그것이 의학이었다.

　　나는 산부인과 남성 의사가 결코 '포르노'나 '야동'을 보는 습관이 없는, 여성주의적 관점을 갖고 있는 의사라면 신뢰할 수 있다고 생각한다. 마취 상태의 여성 환자를 강간하거나 성추행했다는 뉴스가 심심찮게 들려오는 상황에서, 의사가 환자보다 권력적으로 우위에 있는 이 환경에서, 남성 의사가 여성 임산부에게 휘두를 수 있는 잠재적 폭력이 다분하다는 사실에 나는 절망한다. 그러나 '의사'가 본인의 시각을 남성 위주에서 '여성' 위주로 전환한다는 것은 아주 특별한 계기가 있지 않는 한 보편적으로 일어나기 어려운 일이다.

○　　남성 의사 vs 여성 환자

　　원래 출산에서는 여성 산파들이 큰 역할을 했지만, 남성 의사들이 여성 조산사들을 내쫓는 캠페인 활동을 이어오면서 남성 의사가 산부인과 영역에 진출하게 되었다.

　　산부인과 의사가 '남성'이라는 점은 여성에게 감정적

불편함을 야기한다. 자신의 은밀한 부위로 여겨지는 신체가 노출되는 데 심리적으로 큰 저항을 느끼기 때문이다. 인간은 누구나 자신의 신체를 원치 않게 타인에게 보여야 할 때 부끄러움을 느끼게 마련 아닌가? 그런데 이런 상황에서 타인인 의사가 보이는 반응이 폭력적이라면, 여성인 환자는 당연히 신체의 일부가 공개되는 데 대한 수치심과 모멸감을 동반해 트라우마를 겪게 된다. '나체'가 역사적으로 고문, 처벌, 인간성의 제거를 위한 장치로도 활용되어온 근거이기도 하다. 범죄자의 경우에도 최근 항문 검사를 비접촉 식으로 바꾸었는데 이 역시 '인격'과 밀접하게 연관되는 탓이다. 아무리 범죄자라 해도 자신의 항문을 타인에게 노출할 때 느껴야 하는 수치심을 배려한 처사다.

부인과 진료에 있어 감정적 불편함, 수치심, 모욕감을 표현하면 남성 의사들은 대개 산부인과 진료가 '의료'임을 주장한다. 출산 시 여성들의 수치심을 인정하지 않으려는 이들은 흔히 산부인과와 비뇨기과를 비교한다. 병원에 가서 환부를 보여주지 않고 진료할 수 있느냐는 것이 그 논리인데, 이와 더불어 의사들은 "의료는 의료로서 여겨야지 거기에 '감정'을 반영하면 안 된다."고 강조한다. 산부인과에서는 여성의 생식기를 보여줘야 진료가 가능한데 다리 벌리고 하반신을 드러내는 게 왜 창피한 일이며 이걸로 굴욕 운운하는지 모르겠다고 훈계조로 말한다.

얼핏 들으면 맞는 것 같다. 산부인과도 병원에 있는 한 진료 분야고, 의사 앞에서 환부를 보여주는 것이 수치스러워야 할 일은 아니니까. 하지만 그들이 간과한 점이 있다. 여성이 남성인 의사 앞에서 아무리 '의료'를 위한 것이라 해도 하반신 나체를 노출하는 것은 반드시 '감정적' 문제를 동반할 수밖에 없다는 점이다. 이로부터 자유로운 여성은 아무도 없다.

○   임산부가 '환자'가 되는 순간

산부인과 질병이 있는 경우와 임신과 출산으로 산부인과에 가는 것은 결코 같은 상황이 아니라는 것이다. 현대 의료에서 출산은 질병으로 분류되어 있지만 출산이 의료가 된 역사는 그리 길지 않다. 출산이 정말 질병인지 한번 생각해보자. 출산이 질병이라면 병명은 무엇인가? 아기가 병인가? 그 병을 위해 의료는 어떤 '치료'를 해줄 수 있는가? 더구나 이때 주목해야 할 것은 병원에서 의사는 결코 여성의 '고통'에 관심을 갖지 않는다는 점이다. 예를 들어 암환자가 고통과 통증을 호소하면 약을 처방해주지만 임산부의 고통에 대해서는 생각하지 않는다. 출산은 질병이 아니다. 그러니, 산모 역시 환자가 아니다.

임신을 자연스러운 신체 현상으로 여긴다면—특수한 상황에 놓인 경우를 제외하고— 특이 증상 없이 임신하고 출산을 기대하는 경우 산모는 절대 환자일 수가 없다. 그런데도 산부인과 의사는 산모를 환자로 '만든'다. 감시, 관리, 통제의 대상으로 삼아 산모를 기계적으로, 정서적 지지 없이 대한다. 생명을 품고 있는 경이로운 과정을 감당하는 존재를 존중하고 지지하고 협력해서 살피려 들기는커녕 무언가를 해줘야 하고 해결해줘야 하는 결핍자로 보기 때문이다. 그 순간 생명 현상의 주체로서의 몸은 병리적 대상이 되어버린다. 월경과 임신 그리고 출산을 비롯한 여러 생리적인 형상들을 자연스러운 생명의 현상으로 보지 않고 무질서, 혼란, 비정상이라는 병리적 시각으로 판단하려 한다. 임신을 정상 상태의 반대 개념으로 보는 의사가 존재하는 한 우리 사회에는 불필요한 제왕절개가 단절되지 않을 것이며 이로 인한 합병증 역시 줄어들지 않을 것이다.

임산부가 '환자'가 되는 순간 의사는 전문지식을 가진 권위자가 되기 때문에 출산에 있어 임산부의 의견은 마취, 약물 사용, 수술 등의 진행과정에 전혀 반영되지 않는다. 아기를 안전하고 편리하게 꺼낸다는 명목으로 각종 불필요한 처치들이 필요성에 대한 구체적인 설명 없이 일방적으로 결정되어도 그것은 합법적 의료 행위가 된다. 폭력적이고 비인격적으로 진행되는 과정에서 산모는 몸과 마음 모두 상처를 입고 한 인격이 아닌 '아기 캐리어' 정도로 취급된다. 엄마가 되는 첫 단계에서 주체가 가장 먼저 배제되고 소외되는 기이한 현상이 발생하는 것이다. 이에 대해 마야 뒤센베리는『의사는 왜 여자의 말을 믿지 않는가; 은밀하고 뿌리 깊은 의료계의 성 편견과 무지』에서 다음과 같이 말한다. "재생산 건강과 의료에 연관된 많은 문제는 미국 여성의 출산 경험에서 정점을 찍는다. 미국은 선진국 중 산모 사망률이 증가하는 유일한 나라로 지난 25년 동안 두 배 이상 높아졌다. 산모 사망 사례 중에서 최소한 절반은 예방할 수 있는 사고였고, 극명한 인종 차이를 드러냈다. (……) 첫째, 의료적 개입은 고위험 출산을 안전하게 만드는 것이 분명하지만, 일반적인 출산 과정에서 불필요한 의료적 개입은 오히려 여성의 합병증 위험을 키운다. 지난 20년 동안 제왕절개 비율은 거의 60퍼센트까지 치솟았는데, 세계보건기구가 권장한 비율보다 세 배 이상 높은 수치다."

○   의료화한 출산

사람들의 '현대 의학'에 대한 믿음은 거의 종교에 가깝다. 주변인이 아프다고 했을 때 우리는 대부분 이렇게 묻는다. "병원에 가봤어? 의사가 뭐래? 약은 먹었어?"

출산에 있어서도 마찬가지다. 아기는 당연히 병원에서 낳는 것이라 여긴다. 바로 이 지점에서 출산에 관한 여성들의 직접 경험, 목소리, 노하우가 결코 축적되지 않았던 이유가 드러난다. 임신한 딸에게 엄마가 해줄 수 있는 최선의 말도 "얼른 병원 가라."가 전부다. 출산은 의료에 의해 완전히 장악됐다. 그러나 나는 출산이 '의료'이기만 한 것인지 묻고 싶다. 또한, 출산은 의료여도 의료가 아니어도 문제라는 것을 지적하고 싶다.

출산이 오롯이 의료이기만 할 때의 문제점과 의료가 아닐 때의 문제점이 무엇인지에 대해 우리가 구체적으로 모른다는 사실 역시 커다란 문제다. 다시 한번 우리가 출산에 대해 얼마나 알고 있는지 자문해보자. 의료화한 출산의 부작용이 무엇인지 따져보자. 그리고 묻자. 의료화한 환경이 출산에 정말 도움이 될까? 출산에 대한 연구는 얼마큼 진행되었을까? 산부인과 의사의 '남성'이라는 젠더가 여성의 임신과 출산에 문제시되는 경우는 없었던가?

이 같은 질문을 제기하는 것이 '촌스러운' 태도인가? 그러나 나는 이 촌스러운 질문들을 이어가고 싶다. 산부인과 영역에서 '남성 의사'의 기여와 폐해를 구체적으로 검증해야 한다는 질문조차 제기할 수 없다면 그것이야말로 정말 큰 문제가 아닐까? 출산 경험이 없는 남성 의사의 한계를 논의하자는 게 왜 잘못인가? '의료'라는 객관적 과학적 권위에 '남성'이라는 권력을 얹은 만큼 산부인과 분야에서의 젠더 문제는 사소하고 하찮은 이슈인가? 왜 출산에 대해 우리가 알 수 있는 데이터는 이토록 부족할까? 연구가 필요하다는 문제의식조차 없는 상황은 정상인가?

현행 출산 문화에서 가장 놀라운 점은 출산 방식이 천편일률적이라는 것이다. 일단 출산은 거의 대부분 병원에서 이루어진다. 출산 직전 병원에 가서 의사와 함께 아기를 낳는 것이 가장 안전한 길이라고 맹신하는 탓이다. 과연 그럴까? 의료 맹신이 출산에 미치는 부정적인 면은 특히 엄청나다. 그런데도 대다수 임산부는 병원에서 권하는 출산 관련 처치를 당연한 것으로 여긴다. 사회가 상식으로 받아들이는 주류 방식에 대해 의문을 갖는 것 자체가 어려운 시대에 살고 있는 탓이다.

예를 들어 목수정은 『뼛속까지 정치적인』에서 초음파

검사에 대해 이렇게 의문을 제기한다. "출산까지는 두 달밖에 안 남았기 때문에 의학적인 검진은 별로 할 게 없었다. 초음파 검사도 딱 한 번 했을 뿐이다. 한국에서 임신 중 다닌 병원에서 나누어준 검진수첩에 의하면 해산이 다가오면 2주 단위로 초음파 검사를 하는 것을 비롯, 임신 중 최소 14번 정도 초음파 검사를 하도록 되어 있다. 잦은 초음파 검사가 아이에게 해롭기 때문에, 프랑스에선 특별한 이상이 없는 한 임신기간 중 4~5번 정도로 제한한다." 그러나 한국에서는 임산부가 이런 문제에 개인 의견을 내놓기 어렵다. 아기는 꼭 병원에서 낳아야 하고, 산모는 의사가 시키는 대로 따라야 한다는 의식이 팽배하기 때문이다.

여성 중심의 스토리텔링이 거의 이루어지지 않았다는 점도 문제다. 그러니 여성들의 출산 담론이 초라하고 빈약할 수밖에 없다. 병원에서 출산을 경험한 이들은 지식을 구성할 수 있는 주체로서의 권력을 박탈당했기에 '제왕절개' 혹은 '자연분만'이라는 대답 외에는 말해줄 이야기도 남길 이야기도 없다.

우리가 살고 있는 후기구조주의 사회는 이미 삶의 기본 조건이 사회 전반적으로 형성되어 있다. 학교, 집, 병원으로 구성된 근대 권력 속 신체는 그 어느 때보다 분화되고 전문화된 사회를 살아간다. 각 분야 전문가들이 포진한 사회, 특히 의료 권력에서는 의사와 환자의 관계가 일방적이고 절대적이다. 환자는 의사의 결정과 권위에 종속된다. 그럴수록 전문가가 아닌 개인은 무력해진다. 이반 일리치가 쓴 『누가 나를 쓸모없게 만드는가』에 나오듯 개인이 처음부터 끝까지 전체를 관장하지 않고 한 부분만을 담당하는 기계의 부속처럼 분업화된 일을 맡는 시대에서 개인은 시스템을 떠나면 무능해진다. 임신과 출산의 과정도 마찬가지다. 임신과 출산을 질병으로 간주하는 사회에서는 의사라는 전문가 앞에서 산모가할 수 있는 일은 아무것도 없다.

오늘날 출산 시 산모가 선택할 수 있는 방식은 매우 제한적이다. 사실상 병원 분만이 가장 일반적이다. 가정 출산은 심리적으로도 부담스럽고 만약의 경우 대처가 안 된다는 우려를 떨칠 수 없다. 우리가 일반적으로 현대 의학이라고 받아들인 것은 미국에서 유입된 의학으로 '객관적' '중립적' '보편적' 의학이라 할 수 없다. 미국이나 일본, 유럽이 제각각 의료지식과 의료 철학에 따라 출산 관행이 매우 다른 모습을 띠는 것은 한 국가의 의학이 언제나 당파성을 갖기 때문이다. 서양의학이나 동양 의학의 간극은 차치하고라도 미국의 의학이어떻게 형성되고 어떤 역사적 맥락하에 어떤 문제가 있는지를 비판적으로 살피기 전에는 현대 의학의 효능을 신뢰하기 어렵다.

현대 의학에 대한 맹신과 기대는 미국 사회의 주류로 통용되는 의견이 유럽의 의학과 어떻게 다르고, 또 왜 다른지에 대한 비교 판단으로 이어져야 한다. 실제 일본이나 핀란드의 경우 가정 분만이나 조산원 분만의 비율이 높은 편인 반면, 미국과 한국의 의료는 병원 분만 비율이 높다는 점에서 매우 닮아 있다. 현재 출산에서 가장 시급한 것은 다양한 분만 방법 및 분만 환경에 대한 인식을 개진하고 임산부 각자가 자신이 원하는 출산 방식을 선택할 수 있는 권리를 보장하는 일이다.

한 번도 경험해보지 못한
출산

○   산모에게 인권은 있는가?

나는 끔찍하고 슬프고 화나는 출산으로 인해, 출산이라면 치를 떠는 이들을 주변에서 많이 만났다. 직접 겪은 이도 있고, 친구로부터 이런 동물적 과정의 참담함을 전해 듣고서 아예 출산할 생각을 접은 이들도 여럿 보았다. 당연한 일이다. 여성으로서의 최소한의 품위마저 모조리 박탈당한다는데 그걸 알면서도 기꺼이 뛰어들 현대 여성은 없을 것이다.

나는 자연주의 출산을 선택했다. 대단한 철학이 있어서라기보다 일반 병원의 분만 과정을 도저히 받아들일 자신이 없었기 때문이다. 관장, 절개, 내진 등 모든 신체적 개입과 신체 훼손이 나는 싫었다. 몸에 칼을 대는 제왕절개는 더욱더 무서웠다. 그래서 그 모든 인위적이고 치욕스러운 절차 없이 출산할 수 있다는 조산원을 찾았다. 하지만 막상 조산원에서도 '고통'을 생짜로 참는 것 외에 다른 점은 없었다. 조산사에게 '자연스러움'이란 고통을 있는 그대로 온몸으로 견디는 것, 인내와 희생을 의미했다. 하지만 나는 있는 그대로의 고통을 원한 게 아니다. 인간적 존엄함이 있는, 인간으로서 존중받는 출산을 원했을 뿐이다.

조산원의 현실은 나의 기대와 매우 달랐다. 조산사는 나를 어두운 방에 홀로 두고 뼈가 벌어질 때까지 스스로 견디라고 했다. 나는 고독하고 무서웠다. 조산원에서 밤을 새며 진통으로 기진맥진해지면서 나는 돌아버릴 것 같은 고통에 한시간 단위로 조산사를 호출할 수밖에 없었다. 옆방에서 자고 있던 조산사는 나에게 "한 시간 단위로 봐줄 수 없다."면서 자신을 깨우지 말라고 했다. 그러더니 새벽녘에 진통 시간에 비해 뼈가 벌어지는 진행이 너무 더디니 일반 병원에 가서 출산하라는 말을 전했다. 기가 막혔다. 하지만 조산원에서 그 어떤 도움도 받을 수 없음을 깨닫고 나는 결국 그곳을 떠났다. 그러고는 곧바로 자연주의 출산을 지향하는 병원으로 갔다. 그곳 의료진은 왜 이 지경이 되어서야 병원에 왔냐며 의아해했다. 양수가 터진 지 시간이 좀 지난 터라 나는 수액을 맞아야 했고, 의료진의 처치도 받아야 했다.

그 과정에서 나는 '둘라' 선생님을 불러달라고 요청했다. 둘라 선생님은 응급 콜을 받고 오셔서 바로 호흡 훈련에 돌입하셨다. 내가 기댈 수 있도록 하셨고, 나와 눈을 맞추며 호흡했고, 짧고 절도 있는 구령에 맞추어 간단한 동작을 지시했다. 다리 들기, 다리 내리기, 걷기 등 평소 같으면 무시할 만큼 작은 동작이었지만 극심한 진통 앞에서는 다리 한 발 앞으로 내딛는 것조차 쉬운 일이 아니었다. 내가 너무 고통스러워하자 둘라 선생님은 뜨거운 물을 등으로 흘러내려 잠시라도 잊게 해주었다. 무엇보다 고마웠던 점은 그가 내 곁을 단 1초도 떠나지 않았다는 것이다. 조산원에서 캄캄한 밤 덩그러니 혼자 견뎌야 했던 고통과 절대적으로 공감해주는 둘라와 함께할 때의 고통 사이엔 하늘과 땅 사이만큼이나 큰 간극이 있었다.

나는 마지막에 애원했다. "제발 아기를 어떻게든 좀 꺼내주세요."라고. 하지만 그렇게 마음이 약해질 때마다 둘라와 의료진은 거의 다 왔다고 격려해주었다.

나는 "생짜로 고통을 참아야 한다."는 원론적 이야기나 "아플 만큼 아파야 애가 나온다."라는 입장에 반대한다. 출산 시 고통은 받아들여야 할 것이 아니라 조금이라도 줄여주고자 노력하는 것이 좀 더 인간적이지 않을까? 내가 일반 병원의 출산 방식을 선택하지 않은 것은 인위적이고 공중목욕탕같이 시끄럽고 부산스럽고 추운 아늑하지 못한 환경이 나의 고통을 배가시킬 거라고 짐작했기 때문이다.

자연주의 출산 방식을 택하는 것은 최선이 아니다. 그저 어느 한 개인에게 어울리는 차선책일 뿐이다. 나의 경우 그나마 회복이 빠르다는 자연주의 출산을 택한 것은 아쉽지만 안전하고 건강하게 애를 낳을 수 있는 방법이 아직도 없다고 판단한 탓이다. 유도분만은 늘 제왕절개에 대한 가능성을 내포하며, 무통주사라고 해서 고통이 없는 출산은 아니다. 인위적 약물투여로 인해 출산이라는 상황이 더 악화될지도 모르며, 내가 통제할 수 있는 범위를 넘어간다는 생각 역시 나를 매우 두렵게 했다.

그러니 '산모에게 이득이 되는 것이 무엇인가'를 가장 먼저 고려하여 자신에게 맞는 방식으로 선택했으면 좋겠다. 이왕 병원에서 출산하기로 마음먹었다면 가능하면 최대한 산모에게 동정심을 가진 좋은 의사를 알아내야 하며, 병원의 이력도 알아볼 수 있다면 자세하게 알아보고, 가능한 한 좋은 의사 좋은 병원을 찾아야 한다. 시설이나 기술이 아니라 산모의 정신과 정서를 학대하지 않고 돌볼 수 있는 의료진을 찾아야 한다. 매뉴얼대로 산모를 그저 큰 '자궁'으로 치환하거나 산모가 많아 바쁘고 지친 병원 말고 가장 고통스러운 순간 '나'에게 집중해줄 수 있는 환경을 가진 병원을 찾아야 한다.

출산처럼 위험한 일을 할 때는 나를 '존엄한 인간'으로 대해줄 의료진을 찾는 일이 가장 먼저다. 출산처럼 긴급한 상황에서는 대개 '엄마라는 이데올로기' '몸이라는 물체' '환자라는 대상' '아기가 먼저라는 편견' 등 갖은 사회적 정치적 가치들이 뒤엉키기에 그 어느 순간 '인간인 출산 주체'의 안전과 건강이 도외시될지 모르기 때문이다. 그러니, 언제고 내가 두려움, 공포, 모멸감, 수치심, 고통을 느끼는 사람이란 것을 잊지 않을 만한 신뢰할 수 있는 사람을 곁에 두어야 한다. 이것이 바로 '이 정도 고통을 참아야 진정한 어미'라는 생각을 가진 조산사를 떠났던 가장 큰 이유이기도 하다.

자연주의 출산이란 고급 시설을 갖춘 병원에서의 분만을 말하지 않는다. 의료진이 산모를 정서적으로 응원하며 격려하고, 출산 과정에 진심을 다해 참여하며, 함께 최선을 다하는 철학을 가진 병원에서의 출산을 이른다. 출산이라는 너무도 위험한 활동에는 의사라는 직업, 의료라는 시설, 효율이라는 과학성이 아니라 사람을 사람답게 대할 줄 아는 '인간'이 필요하다.

○　세상에서 가장 차가운 곳. 분만실

출산은 매우 정신적인 일이다. 한편으로 매우 은밀하게 이루어지면 좋겠다 싶은 일이기도 하다. 그러나 현재의 병원 출산 환경은 편안한 은밀함과는 거리가 멀다. 출산 시 산모는 굉장히 예민해지며 사소하다고 여겨지는 것에서조차 영향을 받는다. 신경이 최고조로 곤두선 탓이다. 하지만 병원 환경은 산모의 정신적·신체적·정서적 편안함과 안정을 보장하지 못한다. 출산은 육체적인 것이 아니라 정신적이고 정서적인 일이라는 인식 자체가 전무하다. 그저 효율이라는 시스템 아래 모든 것이 의사와 의료체계 편의 위주로 이루어진다. 산모가 주체가 되는 법적 책임도 안전에 대한 법규도 부재하다. 이렇듯 산모는 너무나 많은 외부 요인이 개입된 출산 환경 때문에 차가운 분만대 위에서 가장 비인간적 방식으로 '한 번도 경험 해보지 못한' 출산을 경험한다. 따뜻하고 조심스러운 분위기, 의사와 간호사 등 의료진의 인간적 대우 등은 애초에 기대할 수 없는 것일까? 혹독한 산통 중에 겪는 총체적(신체적, 감정적) 어려움이 결국은 산모의 건강을 크게 훼손한다. 이후 산모를 괴롭히는 산후우울증으로, 교란된 신경계증상으로, 산후풍 등으로 나타나 여성의 출산 이후 일생에 커다란 후유증을 남긴다.

대뇌피질을 고양시키는 자극은 출산에 있어서 마이너스 요소이다. 밝은 빛 또한 피해야 할 자극인데도 관리하기 쉽다는 이유만으로 분만실은 눈부실 정도로 밝다. 일단 잘 보여야 하고, 만에 하나 응급 상황이 벌어져 수술이 불가피해질 경우를 대비해서라도 밝아야 한다고 여긴다. 이 역시 산모의 입장과 출산의 생리를 고려하지 않은 환경이다.

게다가 일반 병원의 분만실은 약간 서늘하다. 산모는 거의 탈의 상태기 때문에 분만실이 춥게 느껴진다. 모든 산모는 일단 편안하고 은밀하고 따뜻하게 보호받는 분위기에서 출산을 해야 그 과정에 온전히 집중할 수 있는데 분만실엔 전혀 그런 요소들이 반영되어 있지 않은 것이 현실이다.

또한 '누군가 나를 보고 있다'는 기분 좋지 않은 감각도 빼놓을 수 없는 불안 요소다. 누군가 내 모습을 보고 있을 때, 그것이 의도하지 않은 것이라면 더욱더 마음이 불편해지는 게 보통이다. 대부분의 사람은 이렇게 느낀다. 거북해지거나 기분이 나빠지거나 안정감을 잃기 쉽다. 이처럼 상황적으로 불안을 느낄 때, 임박한 위험을 느낄 때, 경계하고 있을 때, 춥다고 느낄 때, 긴장 상황에 놓일 때 아드레날린이 분비된다. 그런데 오늘날 분만실의 조건은 위의 모든 상황을 다 연출하고 있다. 가장 분만하기 힘든 환경과 조건을 갖추어놓고 '안전하게 편안하게' 아기를 낳으라고 권면하는 아이러니가 탄생하는 순간이다.

나는 그긴 진료를 받았던 의료진의 태도로 미루어 내가 출산할 때 그들이 나를 어떻게 취급할지 상상할 수 있었다. 나의 최선이라는 것이 그들 눈에는 보이지 않을 터였다. 아니, 중요하지 않을 터였다. 힘을 더 주라며 윽박지르고 지시를 내릴 게 분명하다. 이런 상상을 하면서 나는 왠지 그러한 환경에서는 아기를 잘 낳지 못할 것 같았다. 내가 '잘해내지 못하면' 그들은 나에게 제왕절개를 권하겠지……. 불길한 예감이 켜켜이 쌓이면서 나의 두려움은 증폭되었다. 어떤 산부인과 의사가 쓴 수기에서 읽었던 출산 당시 산모들의 다양한 반응이 떠올랐다. 고통에 차서 거의 반나체로 분만실을 뛰쳐나온 사람, 사람 많은 곳에서 펄쩍펄쩍 뛰던 사람, 소리를 지르는 사람 등등 그들은 체면도 주변의 시선도 고려하지 못할 만큼 고통을 겪고 있었다. 도대체 얼마나 큰 고통이기에? 그처럼 정신이 하나도 없는 상태라면 의료진의 믿을 만하고 따뜻한 도움이야말로 더욱더 절실하지 않을까?

아무리 생각해도 나는 분만대 위에 누운 무력한 물상이 되고 싶지 않았다. 워낙에 손발이 차고 추위에 약한 체질인 내게 장시간 극한의 공포 속에서 떤다는 것은 고문에 가까울 터였다. 게다가 마음대로 움직이지 못할 나의 신체, 그 와중에 반복될 폭력과 거친 언사들, 수치스러운 제모와 관장, 회음절개. 나를 깊고 깊은 두려움에 떨게 만든 이 모든 일들이 자연스럽게 여겨지는 현대 산과학(産科學)의 표준이라니! 현대화와 관행, 그리고 절차라는 키워드가 그때처럼 나를 절망스럽게 한 적이 없다.

21세기에도 여전히 여성들은 간호사가 자신의 배 위로 올라가 이리저리 눌러대고, 겸자를 쓰고, 유도분만을 하는 현실을 견뎌야 한다. 이런 행위에 산모가 사전 동의를 했는지, 이러저러한 의료 행위가 가해질 것에 대한 충분한 설명이 있었는지 나는 너무나 의아스럽다.

출산 후 상황도 불안하고 위험하기는 마찬가지다. 어두운 엄마뱃속에서 나온 아기는 너무나 환한 빛에 거의 안구 화상을 입을 지경이며, 갑자기 사방에서 들려오는 소음 또한 엄청 커다란 청각적 자극이 된다. 아기가 태어날 때의 환경과 이후 성인이 되었을 때 나타나는 정신적 문제를 연결한 연구 결과는 대체 언제쯤 알 수 있을 것인가? 태어나서 3세까지의 양육이 아이의 정서와 정신에 큰 영향을 미친다는 이야기는 이미 정설이 되었지만, 미셸 오당은 "그것보다 태어나는 순간이 훨씬 중요하다."고 주장한다. 또한, 임신 당시의 자궁환경과 아이의 성장과정에 대한 연구 또한 필요하다.

이제 의식 있는 산부인과 의사들이 임신과 출산 전 과정을 다루는 책을 써야 하지 않을까? '행복한 임신' '엄마의 태교' '아름다운 모성' '건강한 출산' 같이 홍보성 이미지 만들기에만 주력하지 말고 실제 분만 현장에서 있었던 다양한 사례를 알리고, 그 자료들을 모아 연구하여 분만 환경과 출산 문화에 대한 통념 중 잘못된 것들을 소신 있게 개선해야 하지 않을까?

○   의사의 산모 통제

크리스티안 노스럽은『여성의 몸, 여성의 지혜』에서 "정상적으로 분만할 수 있을 것이라고 믿어주는 사람들로부터 지지를 받지 못하면 산모는 거의 모든 것에 설득 당하게 된다."고 썼다. 산모 자신과 아기의 생명을 맡긴 의사에게 감히 도전할 산모는 없다. 담당 의사의 심기를 건드렸다가 혹시 불이익을 당할까 두려워서 고분고분 의사의 말을 따르게 된다. 일단 아쉬운 쪽이 산모이기 때문이다. 물론 자신에게 어떤 불이익을 준다 해도 이렇다 증명할 방법도 없다. 증명한들 무슨 소용인가? 이미 사후약방문일 테니 말이다. 의사와 산모의 관계를 권력 관계라 칭하는 이유다.

전가일의『여성은 출산에서 어떻게 소외되는가』에는 "의료화 출산 과정에서 이처럼 객관적이고 과학적인 의료지식은 그에 기대고 의지할 수밖에 없는, 그래서 철저히 약자가 되는 임산부를 통해 권력을 획득한다. 결국 임산부가 약자가 되는 조건은 더욱 견고해지고 조산과 같은 응급 상황에 놓인 임산부일 경우 권력은 더 쉽게 작용한다."(67쪽)고 언급되어 있다. 또한 박문일은『엄마와 아이를 위한 출산혁명』에서 "그 당시 미국의 임신부들은 최첨단 의료 기술에 둘러싸여 있었는데, 제왕 절개 분만율이 유럽보다 두 배나 높았다. 이것은 현대 의학의 발전으로 초래된 현상이었다. 최첨단 의료기에 의존하던 미국의사들은 기계가 지시하는 대로 따랐는데, 결과적으로 제왕절개를 하는 경우가 늘어나게 된 것이다."고 말했다(112쪽).

○   임산부는 환자가 아니다

출산은 부부만의 문제가 아니다. 양쪽 집안의 일이다. 따라서 친정이나 시가에서 간섭 받을 확률이 매우 높다. (임)산부의 의지나 철학보다 '아기에게 가장 안전한 방향'을 선택하여 결국 최첨단 의료시설과 병원이라는 결론으로 기울게 마련이다. 병원 분만이 대세인 상황에서 산모가 주체가 되는 다양한 출산 방법을 주장해보았자 서로 불편해질 따름이다. 또한 지역에 따라 자연 출산을 지원하는 병원의 수도 다르고 의료비용도 천차만별이어서 산모들은 결국 판에 박힌 현실적 선택을 강요받게 된다. 출산에 얽힌 의견 대립, 가족 갈등, 사회적 경제적 상황 등을 종합적으로 고려하여 가장 안전하고 쉽다고 여겨지는 '병원 출산'으로 중지가 모아진다는 뜻이다.

병원에 가면 무통분만 주사 등의 처치를 통해 출산의 고통을 줄일 수 있는데 자연 출산으로 고통을 생으로 다 겪는 것이 미련하고 미개하다고 생각하는 산모와 가족도 많다. 의료 혜택을 누릴 수 있을 만큼 누리는 게 현명하고 세련된 처사라는 것이다. 내가 본 해외 출산 다큐멘터리에도 출산의 고통을 겪기에는 자신이 우아한 사람이기에 평소 자신의 미모와 정돈된 상태를 망칠 수 없다고 판단해서 제왕절개를 선택한 사례가 나온다. 하지만 출산과 관련된 고통이 두려워서라면 자연 출산이 더 고통스럽고 무통분만이 덜 고통스러운 것은 아니란 것을 밝히고 싶다.

무통분만은 잠시 하반신을 마취해서 일시적으로 통증을 유예하는 것이지 출산 시의 고통이 사라지는 것은 아니다. 오히려 무통분만으로 인해 산모나 아기의 리듬이 서로 안 맞게 되어 난산으로 이어지는 경우도 있고, 무통분만이 잘 듣지 않거나 너무 잘 듣는 경우도 또 다른 약의 투입으로 균형을 조절해야 하는 예측불가능한 상황이 펼쳐지기도 한다. 이처럼 인위적 의료 개입은 출산이라는 결과를 예측할 수 없는 위험 속으로 몰아넣을 수 있다. 제왕절개도 마찬가지다. 출산 시자궁 뼈가 벌어지는 고통은 감소시킬 수 있지만 인위적으로 근육을 절개했기에 그에 따른 합병증의 가능성이 높아지며, 아기 입장에서는 갑자기 배 밖으로 꺼내지는 데 대한 충격 역시 간과하기 어렵고, 무엇보다 산모의 회복이 느리다는 단점이 있다. 그럼에도 무통분만을 선택하거나 제왕절개를 선택하는 것은 최종적으로 개인의 판단이다. 중요한 것은 출산이 꼭 계획대로만 되지 않는다는 점, 그리고 각종 의료 서비스에 따른 부작용을 고려해야 한다는 점이다.

은은한 조명, 철저한 프라이버시, 안전해야 가능한 것, 분위기에 좌우될 만큼 섬세한 것. 이것은 섹스와 출산의 공통점이다. 나는 섹스의 환경과 출산의 환경이 동일해야 한다고 생각한다. 섹스를 환한 대낮에 타인이 있는 곳에서 하지 않는다. 섹스의 공간은 사랑과 친밀감과 신뢰가 바탕이어야 한다. 출산 역시 마찬가지다. 출산만큼 섬세하고 예민하며 보드랍고 따뜻해야 할 일이 또 있을까? 세상에 초대받아 온 한 인간을 맞이하는 첫 순간이다. 경건하고 품위 있고 인간적이어야 한다.

○   의학의 시선에 갇힌 여성의 몸

나의 엄마는 자궁을 들어내셨다('자궁을 제거하다'라는 표현이 아닌 일상에서 더 자주 쓰는 말로 적었다). 당시 자궁에 혹이 있었고, 앞으로 출산을 할 것도 아닌 터에 문제를 예방하자는 차원에서, 혹시나 또 생길지 모르는 용종이나 암을 근원적으로 없애도록 자궁을 제거한 것이다. 몇 년 뒤 엄마는 심한 우울증으로 오래 동안 고생하셨다. 처음엔 그 둘 사이에 어떤 관련이 있을까 의심했다. 한데 알고 보니 자궁은 생식 기능을 하지 않아도 그 자리에 있는 것만으로도 다른 장기들을 받쳐주기에 신체 장기들의 균형을 유지하는 데 도움이 된다는 것 아닌가? 자궁이 없는 자리에 다른 장기가 내려앉으며 생기는 문제를 당시엔 인지하지 못하고 있었다. 엄마의 고통과 서글픔을 곁에서 지켜본 나는 엄마가 자궁을 없앨 때 도움을 주지 못한 것을 내내 안타까워해야 했다.

여성의 질환이나 여성에게만 나타나는 신체 증상에 대한 연구는 이처럼 턱없이 부족하다. 정확한 정보의 대중화도 이루어지지 않았다. 정보가 없어서 여성들이 쓸데없이 신체와 질병의 문제로 고통 받는 것을 사람들은 이해할까? 산부인과 의사들은 이런 문제를 심각하게 고려하고 있을까?

1990년대에 한국남이라는 산부인과 의사가 쓴 『가운 좀 빌려드릴까요』라는 책이 있다. 25년 전의 책이라서 그런지 그 안에 나오는 에피소드들은 오늘날과 정말 다르다. 먼저 그 책에 등장하는 산모들의 나이는 주로 20대 초반이다. 30대 중반 이후는 진짜 노산이고, 임신과 출산에 리스크가 큰 심각한 상황으로 그려진다. 30대 중반 여성을 '중년부인'이라 일

컫는 장면도 나온다. 요즈음 초산 연령이 30대 후반에서 40대 초인 것과 비교하면 대략 10년에서 15년 정도의 차이가 난다. 또 하나 흥미로운 부분이 있다. 당시 남편들은 "아내 혼자만을 병원에 보냈고 극히 알뜰한 남편이라 할지라도 병원 맞은편 다방에 홀로 앉아서 진료를 끝내고 나오는 아내를 초조하게 기다리는 게 고작이었다."는 것이다. 저자는 "남편이 아내를 따라오는 것을 반가워하지 않았다는데 그 이유가 엄살 때문이라고 했다. 남편이 따라오면 부인들의 엄살이 한층 더 심해지는 경향이 너무나도 뚜렷하기 때문이다."고 한다. 누구보다 산모의 고통에 공감해야 할 산부인과 의사가 산모가 자연스레 표출하는 고통의 감정을 '엄살'로 비하하더니! 의사 윤리에 어긋나는 건 아닌가 싶었다. 그 뿐이 아니다. 저자는 여성이 분만실에 남편과 함께 가는 것을 두고 '남편으로 하여금 애처심을 느끼게 해서 길들이려는 전략'이라고 썼다. 출산이 여성 혼자 감당해야 할 성질의 것으로 생각했던 당시에 비하면 요즘은 그나마 나아진 것일까? 산부인과 의사가 쓴 글임에도 여성의 임신과 출산을 둘러싼 건강에 대한 정보는 없고 환자들의 비밀스러운 사생활, 성 풍속도 등 가십성 이야기만 많았다는 것 역시 실망스러운 부분이었다.

전가일의 책 『여성은 출산에서 어떻게 소외되는가』에

는 선생의 친정어머니가 출산 당시 굉장히 순산을 하셨다는 내용이 나온다. 병원에 도착했을 즈음 거의 아기가 다 나온 상태여서 분만대에 눕자마자 아기가 태어났고, 아기가 나옴과 동시에 의사가 회음부를 절개했다는 것이다. 그런데 오히려 이 회음부절개 때문에 산후 회복이 힘들었고, 거의 한 달가량을 바닥에 앉지도 못하고 기어 다니면서 어렵게 생활했다는 내용이 나온다. 여기서 한 가지 의문이 든다. 이처럼 순산하는 경우에도 회음부절개가 필요했을까? 상황에 맞는 판단보다 분만 시 무조건 회음부절개가 필요하다는 강박이 만들어낸 어이없는 결과가 아닐까?

산부인과 다큐멘터리에 보면 가끔 택시나 화장실에서 아기가 나오려고 해서 매우 긴박하게 병원으로 이송되는 장면이 나올 때가 있다. 택시에서 이미 아기를 출산한 경우 산모도 어떻게 해야 할지 난감하고 병원도 응급상황인가 싶어 긴박하게 신생아 아기를 엄마에게서 분리시키고 허둥지둥 대는 장면을 본 적이 있다. 나중에야 알았지만 병원이 아닌 곳에서도 잘 태어난 아기는 그저 순산이고, 엄마가 아기를 잘 낳은 경우이기에 태반이 나오고, 아기의 보온 등 후속조치만 제대로 하면 크게 의료적 면에서 우려할 일이 없다고 한다. 하지만 산모를 환자로 보는 의료화한 출산 문화에서는 병원이 아닌 곳에서 출산하면 다들 굉장히 당황한다. 의료화한 출산을 당연시하는 오늘날의 웃픈 해프닝이다. 출산에 대한 이 같은 무지와 무성의는 여성 건강 전체를 위협한다.

출산 없는
여성주의는 가짜다

김찬호는 『위계 서열과 힘의 우열』에서 "한국 사회에서는 상해나 살인 등 물리적인 피해를 입히는 것에는 매우 민감하지만, 무형의 폭력에 대해서는 둔감한 편이다. 오만과 모멸의 사회체제는 그런 무딘 감수성과 동전의 양면을 이룬다."라고 말했다(137쪽).

임신과 출산을 거치면서 나는 자신의 신체성을 무시하거나 자각하지 않는 자의 말을 신뢰하지 않게 되었다. 『풀잎은 노래한다』 『다섯 번째 아이』 등을 쓴 도리스 레싱은 최근의 인터뷰에서 "남성과 여성은 결코 한 세계에 살지 않아요. 각각의 세계에 살고 있어요."라고 못 박았다. 나는 예전에 내가 '성별'을 초월한 보편 인류라고 생각했다. 그래서 미혼일 때는 우주보편의 원리와 진리를 탐구하러 열심히 다녔다. 그때는 보편적 진리라는 것을 믿었다. 하지만 그것은 체험 부족에서 오는 무지였을 뿐이다. 나는 이제 남성과 달리 출산을 하는 신체 기관인 '자궁'을 가진 여성으로서의 정체성과 삶에 대한 사유 없이는 감히 진리를 말할 수 없다고 생각한다. 그 어떠한 거대담론이나 진리도 여성으로서의 엄마로서의 삶을 고민하는 '자기 앞의 생'인 내 삶보다 치열하거나 중요하지 않은 탓이다.

나는 여성임을 논하지 않은 채 마치 '성별'이 존재하지도 않은 듯 삶을 이야기하고 진리를 거론하는 자를 믿지 않는다. 내가 철저하게 깨달은 것은 '보편 인류' '보편 진리' 같은 누구에게나 적용되는 그런 간단하고 쉬운 진리는 없다는 점이다. 노벨문학상 수상자이자 반핵반전 평화운동가인 오에 겐자부로가 자신의 아들 히카리가 태어난 이후 삶의 방향, 문학의 방향을 완전히 틀어버린 것과 같은 이치다. 보편 인류로서 진리를 말하는 자와 한 자식의 아버지란 구체적인 정체성 사이에 우열은 없다. 자신의 인생에 가장 중요한 것을 붙잡고 솔직하게 탐구하는 자만이 있을 뿐이다. 거대함과 사소함 사이에 중요하지 않은 것은 아무것도 없다. 어떤 것이 사소한 것인지를 규정해도 되는 규범 역시 있을 수 없다.

저출산을 넘어 초저출산 사회가 문제라고 한다. 다들 한마디씩 거든다. 나름의 분석과 대응책을 내놓는다. 주로 경제와 부동산을 언급한다. 빈부 격차, 양극화, 계층 갈등, 취업 불안, 고용 불안 등의 이유로 결혼 자체가 힘들거나 결혼 연령이 늦어지는 거라고 입을 모은다. 그렇다. 사회가 달라졌다. 새로운 가족 형태에 대한 모색도 활발해지고 있으며 비혼도 증가했다. 결혼 자체를 늦추거나 꺼리기도 한다. 혹자는 경쟁적인 사회와 입시에 드는 사교육 비용 등 양육과 교육의 고단함까지 저출산의 한 요인이라고 꼬집는다. 그 뿐이 아니다. 인문학자 고미숙은 생명의 거룩함을 잊은 여성을 꾸짖는다. 또다른 누군가는 더 이상 아이를 안 낳으려는 이기적인 여자들을 비난한다. 과연 이들은 이기적이라서 그런 결정을 내렸을까?

저출산은 위선적인 문화와 관습, 여성의 건강에 대한 은폐되고 누락된 지식이 누적되어 총체적으로 빚어진 결과다. 학생의 인권, 범죄자의 인권, 아동의 인권, 장애인의 인권, 성소수자의 인권, 난민의 인권, 흑인의 인권 등 시시각각으로 인권에 대한 정의와 관심의 폭은 더 넓고 깊고 세심해지고 있지만, 이 인권의 영역에서 여전히 '산모'는 소외되고 있다. 입원 과정에서 박탈되는 개별성, 신체 훼손 및 노출, 임의로 배정된 자리, 몸의 이동의 부자유, 감정의 억압, 극한의 무기력 등 경험하는 모든 것이 여성에게는 트라우마로 남는데도 말이다. 산모가 처한 상황에 대한 자각 없이 저출산 문제는 결코 해결되지 않을 것이다. 임산부와 산모를 둘러싼 인권을 논의하지 않는 여성주의와 휴머니즘은 가짜다.

고미숙, 『근대성 3부작』, 북드라망, 2014.

그랜틀리 딕리드, 정환욱 옮김, 『두려움 없는 출산』, 자연스러운탄생, 2018.

김지혜, 『선량한 차별주의자』, 창비, 2019.

김찬호, 『모멸감-굴욕과 존엄의 감정사회학』, 문학과지성사, 2014.

목수정, 『뼛속까지 자유롭고 치맛속까지 정치적인』, 레디앙, 2008.

미셸 오당, 김태언 옮김, 『농부와 산과의사』, 녹색평론사, 2011.

미셸 푸코, 이규현 옮김, 『성의 역사』, 2020.

신형철, 『슬픔을 공부하는 슬픔』, 한겨레출판, 2018.

안도균, 『동의보감, 양생과 치유의 인문의학』, 작은길, 2015.

엘리자베스 데이비드·데브라 파스칼리-보나로, 김우종 옮김,

『황홀한 출산』, 정신세계사. 2011.

오오노 아키코, 이명주 옮김, 『놀라운 아기 탄생의 순간』, 브렌즈, 2010.

전가일, 『여성은 출산에서 어떻게 소외되는가』, 스리체어스, 2017.

정희진, 『나를 알기 위해 쓴다』, 교양인, 2020.

제니 오버랜드, 김장성 옮김, 『아기야, 안녕?』, 사계절, 2000.

크리스티안 노스럽, 강현주 옮김, 『여성의 몸, 여성의 지혜』, 한문화, 2000.

티나 캐시디, 최세문·정윤선·주지수·최영은·가문희 옮김, 『출산, 그 놀라운 역사』, 후마니타스, 2015.

한스 페터 뒤르, 최상안 옮김, 『음란과 폭력』, 한길사, 2003.